Otto-Paul Hessel
Das Glück des Lebens

Otto-Paul Hessel ist Diplompsychologe und -theologe mit eigener psychotherapeutischer Praxis. Daneben ist er in der Erwachsenenbildung tätig.

Otto-Paul Hessel

Das Glück des Lebens

Von der Zuversicht des Glaubens

Patmos

Für Marie und Jakob

Mit Gemälden von Marietheres Hessel

Bibliografische Information der Deutschen Bibliothek

Die Deutsche Bibliothek verzeichnet diese Publikation
in der deutschen Nationalbibliografie;
detaillierte bibliografische Daten sind im Internet
unter http://dnb.ddb.de abrufbar.

Reihenkonzept und Einbandgestaltung:
Gudrun Pawelke, Büro für Ausdrucksfindung
Printed in Germany
ISBN 3-491-71301-3
www.patmos.de

Inhalt

Einleitung

»Wallender spürte, dass er jetzt nahe daran war. Ganz nahe an dem großen Geheimnis. Aber er konnte es nicht greifen. Noch nicht. Die Erklärung kann ganz einfach sein, dachte er. So einfach, dass ich sie übersehe. Als wenn man die Brille sucht, die man schon auf der Nase hat.« So formuliert der Kriminalroman- und Kinderbuchautor Henning Mankell die Überlegungen seines Kriminalkommissars während der Aufklärung eines Mordfalles (»Mittsommermord«). Sehen zu lernen, was man sehen kann, ist die grundlegende Fähigkeit eines erfolgreichen Kriminalkommissars und Lebensaufgabe jedes Menschen. In der Sehfähigkeit hat die christliche Tradition den vollendeten Zustand des Menschen ausgedrückt. Der christlich Glaubende bekommt, weil seine Lebensvollendung im Sehen besteht, schon auf Erden etwas zu sehen, wenn er denn zu sehen lernt, und ist glücklich.

Die Wahrnehmung und das Sehen-Können sind das durchgängige Thema der Betrachtungen. Sie gehen zurück auf meine 10-jährige Seminartätigkeit im Katholischen Bildungswerk in Bonn und auf Vorträge in der eigenen psychotherapeutischen Praxis.

Wie sehr ich Anregungen und Gedanken anderen Autoren verdanke, wird in den Texten deutlich. Daneben möchte ich an dieser Stelle zumindest einigen Personen ausdrücklich danken, die es mir ermöglicht haben, die Gedanken dieses Buches vorzulegen.

In der Begegnung mit Karlfried Graf Dürckheim Anfang der 70-er Jahre erhielt ich wesentliche Impulse. Undenkbar ist mir mein Leben ohne Johannes Bours als

Vorbild im Glauben und mit seiner Form der Spiritualität. Meinem Kollegen und Supervisor Heinrich Breuer verdanke ich unschätzbare Unterstützung in meiner persönlichen Entwicklung, die den Hintergrund für manchen Gedanken bildet.

Der amerikanische Psychiater Milton Erickson (1901–1980) hat mich in den vergangenen 15 Jahren in meiner therapeutischen Praxis am meisten angeregt. Die Ausbilder der Milton Erickson Gesellschaft für klinische Hypnose vermittelten mir ein praktisches Verständnis für die alltägliche »Magie der Sprache«.

Die konkrete Erstellung der Texte verdanke ich der nachdrücklichen Unterstützung durch meinen Bruder Bruno. Er war an der Endredaktion wie an der Klärung vieler inhaltlicher Fragen nicht unmaßgeblich beteiligt. Durch seine Anregung, dies auf der ostfriesischen Insel Norderney zu tun, erfuhr ich, wie wohltuend es ist, sich den Horizont auch durch den Blick aufs offene Meer weiten zu lassen. Mein Freund Wolfgang Wald schickte mir meine Texte mit den Anmerkungen eines Naturwissenschaftlers aus Malaysia auf meinen Computer zurück.

Frau Kim Römer schlüpfte in die Rolle der Literaturagentin und hat den Texten so zur Buchform verholfen.

Meiner liebevollen Lebensgefährtin Marietheres danke ich für die wertvolle Redigierungshilfe und die Gemälde, die, zusammen mit den Texten, ein gemeinsames »Bilderbuch« haben entstehen lassen.

Sehen zu lernen und zu verstehen, dass das »Wesentliche« nur scheinbar unsichtbar ist, dazu wollen Texte und Bilder anregen.

Otto-Paul Hessel

Am Tor zum Leben

Zwei Engel sind uns Menschen an das Tor zum Leben gestellt: die Angst und der Mut. Während der erste unser Leben bewahrt und schützt, eröffnet und erweitert es der zweite. In dieser Doppelgestalt gehören sie wie die beiden Cherubim auf der Bundeslade zu unserem Leben in dieser Welt, seit sich die Tür zum Paradies hinter unserem Rücken geschlossen hat. Zwei unzertrennliche Geschwister sind sie, und wer nur den einen einlassen will, tut seinem Leben Gewalt an und bringt es in Gefahr. Wenn ein Mensch mutig ist, weiß er, was er zu fürchten hat und was er wagen soll. Friedrich Nietzsche drückt dies in seiner poetischen Sprache aus: »Herz hat, wer Furcht kennt, aber Furcht zwingt; wer den Abgrund sieht, aber mit Adlers-Augen, – wer mit Adlers-Krallen den Abgrund fasst: Der hat Mut.«

In der Angst werden wir unserer Endlichkeit gewahr, also der Tatsache, dass wir einmal nicht mehr da sein werden. Diese Angst gehört zu unserem Leben und kann uns seinen Wert besonders bewusst werden lassen. Sie ist kein Zeichen von Krankheit oder psychischer Störung. Vielmehr wäre es notwendig für den, der sie nicht hat, das Gefühl der Angst und damit eine Wertschätzung für sein Leben zu entwickeln. Sich die eigene Angst einzugestehen ist notwendig zur Entfaltung der eigenen Menschlichkeit.

»Wir wagen die Dinge nicht, weil sie schwierig sind, sondern weil wir sie nicht wagen, sind sie schwierig.« In dieser Lebensweisheit ist eine wesentliche Einsicht ausgesprochen, dass sich die Kräfte in einem Menschen sammeln, wenn er entschlossen ist, etwas zu tun, zu wagen, und dass dadurch die Handlung – mit gesammelter Kraft ausgeführt – eine bestimmte Form von Zweifelsfreiheit und Leichtigkeit bekommt. Doch was bei solchem Tun weiterhin bestehen kann, sind Angst, Schmerz, Traurigkeit. Denn Scheitern und Nichtgelingen sind nicht ausgeschlossen. »In der Welt habt ihr Bedrängnisse«, erkennt Jesus in seinen Abschiedsreden gegenüber seinen Jüngern ausdrücklich an; das griechische Wort kann, wie in der Lutherbibel, auch mit »Angst« übersetzt werden. Erst dann folgt die Aufforderung: »Habt Mut!« (Johannes 16, 33) Damit erhält die ausgesprochene Lebensweisheit eine Korrektur. Die Dinge dieser Welt sind nicht nur schwierig, weil wir sie nicht wagen, sie sind bedrängend und das oftmals in furchtbarer Weise. Insofern sind sie Angst erregend, weil es, traditionell ausgedrückt, die »Macht des Bösen« gibt. Dies zu leugnen wäre eine Verharmlosung der Wirklichkeit.

»Habt Mut!«, mit diesem Wort fordert Jesus dazu auf, im Leben und Handeln, trotz aller Negativität und Zerstörungsmacht in der Welt, auf die Kräfte des Lebens zu setzen. Weil einer hofft, dass gut ausgeht, was er unternimmt, wagt er es, nimmt es auch in Angriff. Von dieser Hoffnung auf ein gutes Ende, auf ein Glücken des Lebens ist der christliche Wagemut bewusst geprägt. Die Alternative zu diesem hoffnungsvollen Mut ist die Resignation oder die Verzweiflung. In ihnen wird ein erfülltes Leben nicht für möglich gehalten, geglaubt, erhofft und verwirklicht. Die Erfahrung eines Menschen kann diese Einstellung sehr verständlich machen, da es auch ein Ausmaß an »Bedrängnissen« gibt, an denen einer innerlich und auch äußerlich zerbrechen kann.

In der jesuanischen Kurzformel des Mutes wird nach der Anerkennung der Angst und der Aufforderung zu einem Trotzdem mutigen Handelns in einem dritten Schritt die Begründung für den Mut angesichts der Bedrängnisse durch die vernichtenden Mächte dieser Welt gegeben: »Ich habe die Welt überwunden.« Dies ist die einzige Begründung, die angesichts der Wirklichkeit, wie sie ist, nicht zu einem falschen Optimismus führt.

»Habt Mut«, das meint außerdem, das Leben zu bejahen, zu lieben; es auf eine Weise zu lieben, die davor bewahrt, es zu verlieren. Die Liebe zum Leben verlangt den Mut, immer wieder einen (kleinen) Schritt in eine unbekannte Zukunft zu tun, obgleich man angesichts dieser ungewissen Zukunft Angst hat. Vielen psychischen Störungen liegt ein angsthafter Sicherheitswille zugrunde, in dem das Leben zum Stillstand gekommen ist. Der Mut, in dem einer wagt, einen Schritt in die noch ungewisse Zukunft zu gehen, ist eine lebensschöpferische, eine kreative Tat. In einer Ängstlichkeit, die vorrangig auf Bestands- und Lebenssicherung ausgerichtet ist, büßt das Leben seine Kraft ein und hat seine Zukunft aufgegeben. Als Christen könnten wir Fachleute des Lebensmutes sein. Denn was tun wir im Glauben anderes, als alle »natürlichen« und irdischen Sicherheit aufzugeben, um uns dem abgründigen und unberechenbaren Geheimnis Gottes zu überlassen. Dass der Glaube stattdessen oftmals als eine zusätzliche Absicherung des irdischen Lebens verstanden wird, ist ebenso unbestreitbar. Doch sich auf den lebendigen Gott, der unsere Zukunft ist, einzulassen, braucht den Mut des Glaubens. Und wenn Menschen sich in ihrem alltäglichen Leben mutig auf die Ungewissheiten des Lebens einlassen, weil sie das Leben in seiner bewegenden Lebendigkeit lieben, vollziehen sie schon etwas von dem, was man Glauben nennen kann.

»Habt Mut!« Wenn wir Christen unseren Glauben so verstehen und vollziehen, können wir gerade in einer Zeit ein Segen sein, die dadurch gekennzeichnet ist, dass ihr der Mut zu schöpferischem und gesellschaftlich gestaltendem Handeln fehlt.

Der Mut zum Leben und der Mut des Glaubens sind auf ihren verschiedenen Ebenen nicht von uns Menschen machbar. Sie sind ein Geschenk. Der Mut, der sich im Glauben dem dunklen Geheimnis Gottes anvertraut, er ist Gabe des Heiligen Geistes. In diesem Wissen könnten Christen in einer Zeit der verzagten Herzen gemeinsam beten: Komm, Schöpfer Geist, und erfülle unsere Herzen mit deinem Gottesmut.

Das Glück des Lebens

»Das Glück des Gleichgültigen«, so kann man die Geschichte des jungen Mannes überschreiben: Nach sieben Jahren Arbeit erhält er ein großes Stück Gold als Lohn. Auf dem Weg zurück zu seiner Mutter tauscht er es, weil ihm das Gold zur Last geworden war, gegen ein Pferd ein. Der weitere Weg wird zu einem fortlaufenden Tauschhandel. Mit jedem Mal kann Hans unbeschwerter, glücklich und seelenfroh weitergehen. Das Pferd tauscht er gegen eine Kuh, weil es ihn abgeworfen hat. Die Kuh tauscht er gegen ein Schwein, weil sie ihm keine Milch gibt. Das Schwein gegen eine Gans, diese gegen einen Stein, der ihm schließlich in einen Brunnen fällt. Nachdem er von dem schweren Wetzstein, der ihm allein noch hinderlich gewesen wäre, befreit ist, ruft er aus: »So glücklich wie mich gibt es keinen Menschen unter der Sonne.« Von aller schweren Last befreit und mit leichtem Herzen begibt er sich auf den Heimweg zu seiner Mutter.

Verführerisch ist diese märchenhafte Form des Glücks: frei und unbeschwert durchs Leben gehen zu können, weil das Sein mehr zählt als das Haben. Da ist einer, der seine Wünsche klein hält und meint, unabhängig leben zu können. Das Märchen verleitet zu einer Vorstellung von Glück, die geprägt ist von Bedürfnislosigkeit, also davon, mit möglichst wenig im Leben gut auskommen zu können. Wer nichts hat, woran sein Herz hängt, ist frei und kann deshalb glücklich sein.

Dabei wird verleugnet, dass wir auf allen Ebenen unseres Lebens etwas von außerhalb unserer selbst nötig haben. Wo das Glück in Freiheit und Bindungslosigkeit gesucht wird, in der das Herz an nichts Konkretem hängt, handelt es sich eher um ein Glück der Gleichgültigen. Zumeist ist es ein Glück auf Kosten und zu Lasten anderer Menschen.

Und dass Hans in dem Märchen auf einem Rückweg ist, psychologisch ausgedrückt: in einer Regression, wird meist überlesen.

»Ich lege dir heute vor Leben und Glück, Tod und Unglück, wähle das Leben.« So fordert Jahwe die vor ihm versammelten Israeliten auf (Deuteronomium 30, 15-19). Die Verbindung von Leben und Glück mag verwundern. Doch das Streben nach Glück kann man als den gemeinsamen Nenner aller Menschen bezeichnen. Wir können von Natur aus gar nicht anders als nach Glück streben, nach einem Zustand, in dem wir etwas besitzen, das uns vollständige Erfüllung verschafft und wo deshalb zu wünschen nichts mehr übrig bleibt.

Mit der Aufforderung Jahwes, das Lebensglück zu wählen, ist aber auch gemeint, das Glück nicht nur als Ziel, sondern auch als Lebensgrundlage zu betrachten. Denn unser menschliches Leben zielt nicht nur auf seine glückliche Erfüllung, es gründet in ihm. Es kommt im Leben nicht nur alles darauf an, sein Glück zu finden, sondern aus dem Glück als der unversiegbaren Quelle des Lebens zu schöpfen. Im Glück Gottes angesichts seiner Schöpfung gründet unser Leben und unsere Möglichkeit zur Daseinsfreude.

»Wähle Leben und Glück« ist die Aufforderung, sich auf diese, mit der Schöpfung gegebene Grundlage zu beziehen. In ihr ist unsere Lebensfähigkeit begründet. Dementsprechend gibt es in der Theologie die Aussage, die in unserer durchschnittlichen Vorstellung von Gott nicht vorkommt, nämlich, dass Gott glücklich, glückselig ist. Aus unserem eigenen Leben kann das verständlich werden: Eltern sind zum Beispiel glücklich darüber, dass das Kind, das sie sich gewünscht haben, da ist. Glücklich über sein Dasein schauen sie es an. Dieses freudestrahlende Gesicht bildet die Grundlage für eine gute Entwicklung des Kindes. Die Säuglingsforschung lehrt uns, wie unersetzlich wichtig dies ist. In Leib und Seele des Kindes wird diese Erfahrung elterlichen Glücks aufgenommen und gespeichert. Weil das, woran sie ihr Herz gehängt haben, was sie lieben, da ist und lebt, sind sie glücklich. Und darin sind sie Gott in seinem Glück ähnlich. Nicht also die unbeschwerte Beziehungslosigkeit und Gleichgültigkeit, sondern das in der Liebe begründete Glück ist in der christlichen Tradition das Leitbild für uns Menschen.

»Wähle Glück und Leben.« – In unserem eigenen Leben mangelt es oft, sobald wir dem Kindesalter entwachsen sind, an Vorstellungskraft, dass dieses elterliche Glück am Beginn unseres Lebens stand. Durch andere Erfahrungen mit den Eltern mag es überschattet sein. An diesen Mangel-Erfahrungen können wir hängen bleiben. Jahwes Aufforderung geht dahin, sich bewusst wieder auf das Glück des Lebensanfangs zu beziehen. Dies zu tun im Glauben, im Verinnerlichen der großen Bilder des Heiles, mag dazu beitragen, dass es für einen Menschen, dessen Leben äußerlich nicht vom Glück begünstigt ist, möglich wird, am Glück Gottes doch teilzunehmen.

»Wähle das Glück« – oftmals ist Menschen diese Wahl nicht möglich, weil es die ursprüngliche Glückserfahrung, die Erfahrung, ein Glückskind zu sein, nicht gab.

Schon früh am Lebensbeginn gibt es, manchmal ganz verborgen, Störungen, die verhindern, dass das Leben glücken kann. Das Glück unseres Lebens gründet darin, dass wir mit unserem Dasein andere glücklich gemacht haben. Der Auftrag: »Ihr sollt ein Segen sein«, kann uns Christen auffordern, sich im Glauben bewusst auf das in Gott gegebene Lebensglück zu beziehen und es besonders denen weiterzuschenken, denen die irdischen Lebensumstände den Weg dorthin schwer machen oder verhindern.

Das große Sehen

»Nur oberflächliche Menschen urteilen nicht nach dem äußeren Schein. Das wahre Geheimnis der Welt ist das Sichtbare, nicht das Unsichtbare«, lautet ein Satz des englischen Theaterschriftstellers und Erzählers Oscar Wilde. Er steht in deutlichem Widerspruch zu vielen Aussagen, denen zufolge gerade das Geheimnis der Welt dem direkten Anblick verborgen sei. Nehmen wir diese Herausforderung an. Lassen wir unsere Denkgewohnheiten und Weltanschauung in Frage stellen. Dann können diese Worte dazu führen, die Welt mit verändertem Blick und dadurch in neuem Licht zu sehen.

Nimmt man sie als Deutungsschlüssel für die Erzählung von der Geburt des Erlösers der Welt, wie wir sie alljährlich zu Weihnachten hören, dann kann sie für uns zu einer Erzählung werden von Menschen, denen die Fähigkeit geschenkt wurde, im Anblick der Gestalt eines neugeborenen Kindes das Geheimnis der Welt wahrzunehmen: wie es die Hirten in der Nacht von Bethlehem vermochten, wie die Magier aus dem Morgenland und wie der fromme Simeon im Tempel zu Jerusalem. Damit kann sie für uns selbst zu einer Schule des Sehens werden.

Von Beginn an ist die Geburt Jesu ein »Seh-Ereignis«. »Kommt, wir gehen nach Bethlehem, das Ereignis zu sehen« (Lukas 2, 15), sprechen Hirten zueinander, nachdem ihnen in der Nacht durch einen Engel die Geburt des Erlösers verkündet worden war. Sie machten sich auf den Weg und fanden alles so, wie es ihnen gesagt worden war. Auf ihrem Rückweg »rühmten sie Gott und priesen ihn für das, was sie gehört und gesehen hatten«: ein neugeborenes Kind in einer Krippe.

Die moderne Frage nach dem, was sie den »eigentlich« gesehen haben, während sie das Kind anschauten, bleibt ungestellt und vor allem unbeantwortet.

Mit der Geburt Jesu tritt der »unsichtbare« und »unnahbare« Gott selber in die kreatürliche Sichtbarkeit, der Gestaltlose nimmt in der Welt Gestalt an und kann in dieser Gestalt wahrgenommen, gesehen werden. Ganz selbstverständlich wird in der Weihnachtserzählung vorausgesetzt, dass die Hirten zu diesem Sehen fähig waren.

»Ich sehe was, was du nicht siehst, und das ist ...«, rufen Kinder sich zu, um mit diesem Spiel Wartezeiten zu verkürzen. »Ich sehe was, was du nicht siehst«, ist aber nicht nur ein Kinderspiel, sondern es betrifft die Struktur menschlichen Lebens und Zusammenlebens. Was und wie wir sehen, macht unsere Welt und unser Leben aus und ist lebensentscheidend. Und anders sehen zu können, »macht« eine andere Welt. So entstand beispielsweise in dem Augen-Blick, als Adam und Eva die Frucht aßen, für sie eine andere Welt: Sie sahen, dass sie nackt waren, und schämten sich.

Wir leben in einer Wahrnehmungswelt, weil die Welt hervorgegangen ist aus dem Auge Gottes (Augustinus, »Bekenntnisse«). Der biblischen Schöpfungsgeschichte zufolge gründet die Weltwirklichkeit in dem freudestrahlenden Licht-Blick Jahwes. Mit ihm vollendete er sein Werk: »Und er sah, dass es sehr gut war« (Genesis 1, 31). Gott ist selbst zuerst und wesentlich ein großer Schauender, einer, der die Welt anschaut.

Wie sehr das Bildwort von der Erschaffung der Welt im Auge Gottes mit unserer Alltagserfahrung übereinstimmt, kann nachvollziehbar werden, wenn man sich klar macht, wie lebensnotwendig im strikten Sinne das Ansehen der Person ist. Nicht gesehen, nicht wahrgenommen, übersehen zu werden in seiner Einmaligkeit, ist für einen Menschen nicht nur eine der größten Strafen, es entsteht das Erlebnis, nicht wirklich da zu sein. Diesen Mangel an lebensbegründender Wahrnehmung füllen Menschen im Extremfall notdürftig aus mit optischen und akustischen Halluzinationen, um sich nicht völlig weltverloren vorzukommen und um überhaupt überleben zu können.

Wie Gott von Anbeginn der Welt ein schöpferisch Schauender ist, so hat sich dieser göttliche Blick in Jesus wiederholt: In ihm, in seiner Geburt, erblickt Gott – aufs Neue – das Licht der Welt. Jesus ist der Licht-Blick Gottes. Und so ist nicht erstaunlich, dass die neutestamentlichen Erzählungen wiederholt davon berichten, wie er schaute und auch zum Schauen aufforderte. Und von ihm, der sich als Lichtblick Gottes in Bethlehem den Hirten und den Magiern zu sehen gibt, sagt Simeon, als er im Tempel von Jerusalem das Kind in seinen Armen hält: »Meine Augen haben das Heil geschaut, das du geschaffen hast, damit alle Völker es sehen; ein Licht, das die Heiden erleuchtet« (Lukas 2, 30 f. – so übersetzt eine ökumenische Textfassung). So ist das ganze Schöpfungs- und Heilsgeschehen eingebettet in ein Schauen Gottes und der Menschen.

»Kommt und seht« (Johannes 13, 9) ist dann die Aufforderung, im Glauben Anteil zu nehmen an diesem

Blick, damit das Sehen der Welt in ihrer Lichtgestalt mit den Augen des Glaubens möglich wird.

Von allem Anfang an besteht der Glaube in der Möglichkeit und Fähigkeit, sehen zu können. Glauben und Schauen sind nicht nur für den Evangelisten Johannes fast gleichbedeutend, sie sind es auch nach Auskunft der neueren Forschungsergebnisse im Bereich der Neurobiologie der Wahrnehmung. Die Entgegensetzung von Glauben und Sehen beruht auf einer Angst, dass Sehen und damit Wissen den Glauben überflüssig machen könnte. Wahrnehmbar ist aber nur, womit ein Mensch in seinem Leben »rechnet«. Insofern bilden (satzhaft formulierte) Glaubensüberzeugungen die Grundlage unserer Wahrnehmung. Ist beispielsweise das Bewusstsein geprägt durch den Satz Antoine de Saint-Exupérys: »Das Wesentliche ist für die Augen unsichtbar«, oder durch das, zumeist missverstandene, Wort: »Selig sind, die nicht sehen und doch glauben« (Johannes 20, 20), kann das Heil mit den Augen im Blick auf die konkrete Welt nicht gesehen werden.

Traut sich aber einer, den Satz: »Seht, das Reich Gottes ist mitten unter euch« (Lukas 17, 21) wörtlich ernst zu nehmen und das Sehen nicht nur in einem übertragenen Sinn zu verstehen, könnte er in diesem Glauben zu einem Sehen erwachen, das die Wirklichkeit deshalb radikal erneuert, weil er im Blick auf die Welt ihr Geheimnis sieht.

Wie lebensnotwendig es für uns Menschen ist, die Welt »im Lichte der Erlösung« zu sehen, wie es Theodor Adorno formuliert, also in ihrer ganzen, heilen Wirklichkeit, davon weiß der Psalmbeter, wenn er spricht: »Mach hell mein Auge, sonst bin ich zu Tode« (Psalm 13, 4). Für

Adorno führt nur ein Weg aus der Verzweiflung angesichts der Welt, wie sie wirklich ist: die Fähigkeit, sie »im Lichte der Erlösung« zu sehen. Dem in diesem Licht Schauenden kommt etwas zu Gesicht von der göttlich-unzerstörten Urgestalt aller Menschen und Dinge. Es kann in diesem Lichte etwas aufscheinen von der Liebe, in deren Helligkeit die Welt geschaffen und erlöst ist.

Um die Behinderung oder Unfähigkeit, die Welt so anschauen zu können, dass sie im Lichte der Erlösung erscheint, weiß der Psychotherapeut in den Auswirkungen, die ihm in der täglichen Praxis begegnen: die zunehmende Zahl von Patienten, die unter Depressionen und Angstzuständen leiden. Eine Wahrnehmung im »Lichte der Erlösung«, sie erschließt den Himmel neu und gestaltet eine neue Erde und damit ein neues Leben.

Es verhilft aber nicht nur der Glaube zum Sehen, es gilt auch: Das Sehen fordert zu glauben. Ein Bildwort begründet das, was sich wissenschaftlich über den unauflösbaren Zusammenhang von Sehen und Handeln aussagen lässt, und macht es anschaulich: »Die Wurzeln des Auges liegen im Herzen.« Im Herzen als der Mitte des Menschen sind Wahrnehmung (Kontemplation) und Handeln (Aktion) noch nicht getrennt, sondern in organischer Einheit verbunden. Sehen, besonders wenn es bewusst geschieht, nötigt den Sehenden zu entsprechendem Handeln. Was einer sieht, muss Folgen für sein Leben haben. So formuliert eine Hilfsorganisation treffend: »Wer fühlt, was er sieht, gibt, was er kann.« Um sich der Hilfsbereitschaft zu entziehen, muss man, zumindest zukünftig, mit Einsatz etwas übersehen oder es sich im Kopf aktiv anders zurecht deuten. Je deutlicher also einer mit den im Herzen verwurzelten Augen das

Geheimnis in der Wirklichkeit, das Licht, gesehen hat, desto weniger wird es ihm möglich sein, die mitgesehene Aufforderung zu übergehen, das Gesehene mit seinem Leben zu verwirklichen, es sei denn, er verschließt sein Herz wieder in Dunkelheit.

Da Gott ein Hinschauender ist, kann man ihm nicht in einer anderen inneren und äußeren Einstellung begegnen, als darin, die Welt mit ihren konkreten Gestaltungen anzuschauen. Dies gilt umso mehr, und ist die eigentlich christliche Begründung, weil Gott in Jesus Weltgestalt angenommen hat. Seitdem ist Gott nicht schaubar in einem Absehen von der Welt. Gott schaut auch da noch liebevoll, wo Menschen in den entstellten und zerstörten Gestalten nichts Sehenswertes mehr vermuten.

Eine Irreführung für den Akt des Sehens ist die Unterstellung, das Wesentliche sei unsichtbar oder nur im Innern der Menschen und Dinge zu sehen, nur in einer vorgestellten Tiefe wahrnehmbar, jenseits der konkreten Gestalt. Mit dieser Unterstellung wird der Sehende verführt, die konkrete Gestalt zu übersehen oder sie aufzulösen. Die Unfähigkeit, in der sichtbaren Gestalt alles Wesentliche zu erfassen, verleitet zu der Annahme, in ihrem »Innern«, oder in ihrem Hintergrund, einem »Jenseits« der konkreten Gestalt etwas geheimnisvoll Verborgenes entdecken zu können, was die »Oberfläche« nicht schon vermittelte und kundtäte. In zahlreichen Strömungen christlicher Spiritualität gibt es ein Drängen nach einer unmittelbaren Gottesschau, die nicht mehr durch die ganze Weltgestalt Gottes vermittelt ist. Wohl zu Recht nennt der Theologe Hans Urs von Balthasar die Geringwertung der biblisch gestalthaften Visionen in der gesamten Theologie der christlichen Mystik ein nicht zu übersehendes und erschreckendes Faktum – und damit einen Verlust. Die Erzählungen von der Geburt Jesu und vom Sehen des Erlösers weisen einen anderen Weg.

Von der Möglichkeit, die Welt auch in der Dimension ihres Geheimnisses, ihrer Erlösung zu sehen, davon erzählt eine kleine chassidische Geschichte: »Von einem talmudischen Lehrmeister ist überliefert, die Bahnen des Himmels seien ihm erhellt gewesen wie die Straßen seiner Heimatstadt Neharadea. Der Chassidismus kehrt den Spruch um: Größer ist es, wenn einem die Straßen der Heimatstadt erhellt sind wie die Bahnen des Himmels. Denn hier, wo wir gehen, gilt es, das verborgene göttliche Leben aufleuchten zu lassen.«

Um das Licht in den Gestalten der Welt, in denen es verwirklicht ist, schauen zu können, dazu bedarf es neben dem weltzugewandten Blick einer bestimmten Weise des Sehens. Ohne sie wird das Licht, das Gott geschaffen hat, damit alle Völker es sehen, nicht wahrnehmbar. Es bedarf dazu eines Auges, das in einem liebevoll-mitfühlend der Welt zugewandten Herzen wurzelt. Die Liebe gibt dem Auge seine Blickrichtung. Ohne Liebe gibt es letztlich kein Sehen. »Ubi amor, ibi oculi« – »Wo die Liebe, da ist das Auge«, formuliert Thomas von Aquin. Und Mechthild von Magdeburg spricht vom »fließenden Licht der Gottheit«.

»Ich lag in tiefer Todesnacht, du wurdest meine Sonne, die Sonne, die mir zugebracht Licht, Leben, Freud und Wonne«, dichtet das von Johann Sebastian Bach vertonte Weihnachtslied Paul Gerhardts in seiner zweiten Strophe. Den weihnachtlichen Lichtblick Gottes mit den im Herzen wurzelnden Augen aufnehmen zu können, muss von Gott ermöglicht werden. Gleichwohl, da das wahre Geheimnis der Welt in Gestalt eines Kindes in die Sichtbarkeit getreten ist, ist auch hier das von uns Menschen zu Tuende durch Gott vorgegeben: in Demut anerkennen, dass es gilt, in den Gestalten, die von sich her diesen Lichtschein nicht bewusst in sich tragen, diesen zum Vorschein kommen zu lassen, indem wir ihnen in ihrer Unscheinbarkeit liebevolle Zuwendung schenken.

»Ich steh an deiner Krippen hier, o Jesu, du mein Leben. Ich komme, bring und schenke dir, was du mir hast gegeben. Nimm hin, es ist mein Geist und Sinn, Herz, Seel und Mut, nimm alles hin, und lass dirs wohl gefallen.«

Den Sterndeutern gleich gilt es dies zu tun, singend, betend an der Krippe, und in liebevoller, konkreter Zuwendung zu den Menschen. Dies lässt Weihnachten zu einem Licht-Blick Gottes werden.

Dem das Leben glückte

»Und was er tat, dazu gab der Herr Glück.« Dies wird gesagt von einem Mann, der in die Sklaverei geraten war und der trotz dieses Schicksals seinen Lebensmut aufrechterhielt. Er resignierte nicht, sondern mit dem Einsatz all seiner Fähigkeiten tat er, was ihm aufgetragen worden war. Berichtet wird dies im Buche Genesis im Alten Testament von Josef, dem Sohn Jakobs. Weil er einen großen Lebenstraum hatte, warfen seine Brüder ihn in eine Zisterne und verkauften ihn dann in die Sklaverei. »Und der Herr war mit Josef, so dass er ein Mann wurde, dem alles glückte« (Genesis 39, 2). Es ist die märchenhafte Geschichte eines Glückskindes. Wer von uns, der sie hört, wünscht sich nicht Ähnliches? Weil sich unsere Sehnsucht auf das Glück richtet, wünschen Menschen sich bei verschiedenen Gelegenheiten gegenseitig Glück. Der Inhalt unserer Glückwünsche ergibt sich meist aus der konkreten Situation. Manchmal sagen wir auch einfach: »Alles Gute.« Wir hoffen und wünschen, dass dem Betreffenden etwas zuteil wird, wonach er strebt, oder etwas gelingt, woran er arbeitet. Wenn sich Tun und Wünschen erfüllen, ist er glücklich.

Wenn die moderne Neurobiologie mit ihren Erkenntnissen darauf aufmerksam macht, dass das Streben nach Glück tief in die menschliche Struktur des Gehirns eingeprägt ist, dann könnte das eine Anregung sein, diesen Gesichtspunkt unseres Glaubens bewusster zu bedenken. Denn wieso sollte christlicher Glaube, dessen Kern die Botschaft von der Erschaffung der Welt durch Gott und ihre Erlösung in Jesus Christus ist, nicht zu einem glücklichen Leben befähigen? Dass dies dem Menschen und dem Christen zugedacht ist, davon haben die großen Theologen wie etwa Thomas von Aquin gewusst. Auf eine sehr einfache Weise drückt sich dieses Wissen in dem alten Danklied von Paul Gerhardt (1647) aus, in seiner letzten Zeile: »Er gebe Glück zu unserm Tun und Heil zu allem Stand!«

Wie auch immer man Glück im Einzelnen bestimmen mag, im Kern geht es in unserem Glücksstreben darum, den unendlichen Hunger nach Lebenserfüllung zu stillen. In den »Gedanken« des Mathematikers und Philosophen Blaise Pascal (1623–1662) kann man den Satz lesen: »Niemand ist so glücklich ... wie ein wahrer Christ« (Fragment 94). Bedenkt man diesen Satz auf dem Hintergrund des Jesus-Wortes: »Ich bin gekommen, damit sie das Leben haben und es in Fülle haben« (Johannes 10, 10), kann man ihm ohne Zweifel zustimmen. In unserer Zeit, die geprägt ist durch Verzagtheit, Kleinmütigkeit und Depressivität, könnte es besonders notwendig und hilfreich sein, wenn wir uns auf diesen Aspekt unserer Froh-Botschaft bewusst besinnen.

Der alttestamentliche Satz: »Und was er tat, dazu gab der Herr Glück« (Genesis 29, 23) und die Liedzeile: »Er gebe Glück zu unserm Tun« – sie stimmen überein in ihrem Wissen um das Glück. In beiden Wendungen ist mitgesagt, dass das Glück gebunden ist an unser eigenes Tun, dass es dieses Tun zur Voraussetzung hat. So sehr Glück etwas ist, das uns geschenkt werden muss, weil wir als Menschen eben nicht allein unseres Glückes Schmied sind, ist Glück trotzdem nicht etwas, das uns einfach in den Schoß fällt, ganz ohne unser Zutun. Das

Erlangen von Glück ist in hohem Maße abhängig von unserem rechten Einsatz. Denn wir haben oftmals innere Einstellungen und Verhaltensgewohnheiten, die ein Hindernis auf dem Weg zum Glück bilden. In der psychotherapeutischen Praxis ist immer wieder zu beobachten, wie Menschen ihr Glück oder die Lösung ihres Konfliktes – natürlich unbewusst – zielstrebig und geradezu schöpferisch verhindern. Wenn wir den Gedanken aber zulassen, dass wir zu unserem Unglücklichsein selber auch beitragen, kann er uns zugleich eröffnen, dass wir den notwendigen Beitrag erbringen für ein glücklich erfülltes Leben. Ein erster, wirksamer Schritt besteht dann darin, die lähmende Hilflosigkeit aufzugeben und eigene Einflussmöglichkeit wieder einzuräumen.

»Und der Herr war mit Josef, so dass er ein Mann wurde, dem alles glückte.« Das Glück Josefs gründet neben seinem Tun in seiner Gottverbundenheit. Über diese und wie Josef sie von seiner Seite her lebte, berichtet diese Erzählung nicht. Im Lied Paul Gerhardts werden wir vor der Bitte um Glück zu einem Tun aufgefordert, das auch unter einem weltlichen Blickwinkel glücksnotwendig ist. Wir werden ermuntert, Gott zu danken, ihm die Ehre zu geben, seine Wunder zu besingen, angstvolle Gedanken und Schmerzen begrenzt zu halten. Mit diesem »Tun« wendet sich unsere Aufmerksamkeit in die Richtung des erhofften Glücks. In unserem alltäglichen Leben wiederum können wir beobachten, dass sich die Dinge, die wir erwarten und denen wir genügend Aufmerksamkeit schenken, gut entwickeln. Denn mit unseren Erwartungen und mit unserer Aufmerksamkeit schaffen wir Wirklichkeit. Deshalb ließe sich im Zusammenhang mit diesem Lied fragen, ob unsere Augen des Glaubens in die Richtung des erhofften Glücks schauen, um es allein schon auf diese Weise wachsen zu lassen, oder ob unser Bewusstsein ausgefüllt ist mit Misstrauen, Zweifeln und allen Übeln dieser Welt. Eine Anleitung zum Glücklichsein vollzieht also innerlich, wozu wir singend auffordern. Dazu gehört auch, die biblischen Bilder der Ermutigung und des Glücks immer wieder zu betrachten und in uns aufzunehmen.

Der wahre Christ, verstanden als ein glücklicher Mensch, was ist dieser anderes als ein Segen für die Welt. In seiner Hoffnung bezieht er die Welt, insgeheim und allem Augenschein zum Trotz, auf ihre innerste heile Wirklichkeit. Der wahre Christ, was wird er anderes tun, als an dem geschenkten Glück andere teilhaben zu lassen, so dass sie »Gefährten werden in der Teilhabe an der Glückseligkeit« (Thomas von Aquin).

»Der, den du fütterst«

Weise und Heilige können einfache Geschichten erzählen. Gerade in ihrer Schlichtheit entfalten diese eine heilende Wirkung.

Ein alter Cherokee-Indianer unterrichtet seinen Enkel über das Leben. Der Großvater: »Zwei Wölfe kämpfen in mir, es ist ein schrecklicher Kampf. Der eine Wolf ist Angst und Ärger, Selbstzweifel und Niedergeschlagenheit, Neid und Missgunst, Überheblichkeit und Verachtung, Hass und Zerstörungswut und vieles andere mehr. Der andere Wolf ist Freude, Friedfertigkeit, Kreativität, Liebe und Phantasie, Wohlwollen, Großzügigkeit und Hilfsbereitschaft, Selbstvertrauen und Mitgefühl. Diese beiden Wölfe kämpfen in mir. Und diese beiden Wölfe kämpfen auch in dir. Und sie kämpfen in jedem Menschen.« Der kleine Indianerjunge schweigt und denkt und fragt schließlich: »Und welcher Wolf gewinnt?« Der alte Indianer antwortet: »Der, den du fütterst.«

Entwaffnend einfach ist diese Antwort. Fraglos einleuchtend ist sie durch das zugleich elementare wie alltägliche Bild des Fütterns. Da sie so wirklichkeitsgerecht ist, kann man ihr kaum widersprechen. In einer unaufdringlichen Weise zwingt sie geradezu zum Handeln. Sie lässt nur scheinbar eine Wahl, wie einer Mutter, deren Kind nachts danach schreit, gestillt zu werden. Die Weisheit des Indianers nicht ernst zu nehmen hieße, die Verantwortung für das eigene Leben und seine Gestaltung abzugeben. Doch, so einfach diese Anwort klingt, der Indianer mit seiner Lebenserfahrung weiß, welchen Einsatz sie im Alltag fordert. Was dieses Füttern einem Menschen abverlangen kann an Einsatz, Mühe und Disziplin, weiß die Mutter eines neugeborenen Kindes. Sie weiß auch, dass das Wohlergehen und Glück ihres Kindes und sein gutes Wachstum davon abhängen, und tut es fraglos.

»Der, den du fütterst, gewinnt.« – Diese Geschichte des alten Indianers könnte Christen aus der Seele geschrieben sein. Lässt sich doch die gesamte jüdisch-christliche Glaubensgeschichte erzählen als eine Geschichte der Ernährung der Menschen durch Gott mit Manna und mit »Himmelsbrot«:

Als die Israeliten durch die Wüste Sinai zogen, hatten sie Angst zu verhungern. Da ließ der Herr ihnen durch Mose sagen: »Gegen Abend sollt ihr Fleisch zu essen haben und am Morgen von Brot satt werden und sollt innewerden, dass ich, der Herr, euer Gott bin. Und am Abend kamen Wachteln herauf und bedeckten das Lager. Und am Morgen lag Brot verborgen im Tau rings um das Lager. Dieses Brot nannten die Israeliten ›Manna‹« (Exodus 16, 9).

»Der Herr ist mein Hirte, nichts wird mir fehlen. Du deckst mir den Tisch ...« (Psalm 23), diese Erfahrung macht der Fromme Israels mit seinem Gott. Im Gebet der Psalmen, den Lobgesängen, drückt er in vielfältigen Bildern und Worten aus: Weil Gott ihn nährt, bleibt er am Leben.

Gespeist zu werden ist auch die Erfahrung der Menschen mit Jesus.

»Nehmet und esset!« (Matthäus 26, 26), ist die Aufforderung Jesu an seine Jünger. Seit diesem Wort könnten Christen »Ernährungsspezialisten« sein. Ist doch Kernstück christlicher Froh-Botschaft, dass es eine Nahrung, eine »heil'ge Seelenspeise« gibt, die ewiges Leben, Unbesiegbarkeit, dem verleiht, der sich damit stärken lässt.

Das Bild von den Wölfen macht die Dimension des Widerstreites deutlich, in dem wir leben und in dem sich menschliches Leben abspielt. Dieses Bewusstsein für die Gewalttätigkeit lebenszerstörender Kräfte kann klar werden lassen, wie bedroht unser Leben und Lebensglück immer wieder ist und welcher göttlichen Ernährung der Wolf des Lebens bedarf.

»Zwei Wölfe kämpfen in mir«, weiß der Indianer, »sie kämpfen auch in dir, und sie kämpfen in jedem Menschen.« Den Wolf, der die Kräfte des Lebens verkörpert, muss man füttern, fraglos.

Und dann? – Und dann stößt diese Lebensweisheit mit ihrem Optimismus an eine Grenze, an die Grenze der Wirklichkeit. Denn der Wolf, in dem alle lebenszerstörenden Kräfte zur Geltung kommen, wird sich, gerade weil er nicht gefüttert wird, nicht kampflos zurückziehen aus der Welt. Insofern verkennt der Satz: »Der, den du fütterst, gewinnt«, die Eigenart und das furchtbare Ausmaß zerstörerischer Kräfte in der Welt. Und die Geschichte lehrt nicht verstehen, dass noch ein anderes Verhalten dieser übermenschlich-unmenschlichen Wirklichkeit gegenüber notwendig ist.

Von einem Wolf, der die liebevolle Pflege und Fürsorge nicht erhält, der Hunger leidet und deshalb zum Raubtier entartet, erzählt die Legende vom Wolf von Gubbio. Man kann sie gleichsam als Fortsetzungsgeschichte der Erzählung des Indianers lesen. Sie nimmt ihr nicht ihre eigene Wahrheit; sie macht jedoch deutlich, dass noch etwas anderes und ein anderes Handeln notwendig sind, nimmt man die Übermacht des Bösen wirklich ernst.

Zu der Zeit, als Franz von Assisi (1181–1226) in der Stadt Gubbio weilte, erschien dort ein ungeheuer schrecklicher und wilder Wolf, der nicht nur die Tiere fraß, sondern auch die Menschen anfiel. Die Bürger lebten in Angst und Schrecken und wagten nicht mehr, unbewaffnet auszugehen. Franz beschloss in der Zuversicht auf Gottes Hilfe, den Wolf aufzusuchen. Als jener Wolf Franz sah, rannte er mit offenem Rachen auf ihn zu. Franz machte das Zeichen der Kreuzes und sprach ihn als Bruder Wolf im Namen Christi an. Der Wolf hemmte seinen Lauf und legte sich Franz zu Füßen und stimmte dessen Friedensvorschlag zu.

Franz sprach: »Bruder Wolf, da du eingewilligt hast, diesen Frieden zu schließen und zu halten, so verspreche ich dir, ich will sorgen, dass dir, solange du lebst, die Bürger dieser Stadt deine Kost darreichen, dass du künftig nicht mehr Hunger leidest; denn ich weiß wohl, dass du nur, weil du Hunger littest, alles Böse getan hast.«

Die Schlichtheit dieser Legende, ihre vordergründig sprachliche Naivität, steht im Widerspruch zur Dramatik der Zerstörungswut. Doch, wenn wir uns auf die Szene und das Bild einlassen, kann sie uns zu der Einsicht führen, dass wir es in der Erfahrung des Bösen mit einer Wirklichkeit zu tun haben, die faktisch nicht ganz auf den Menschen zurückgeht und demzufolge auch nicht ganz von ihm aus erklärt und durch ihn gelöst werden kann.

Vor allem kann sie uns zu der Einsicht verhelfen, wie mit diesem alles Leben vernichtenden Wolf umzugehen ist: Man muss ihm entgegentreten, ihn bekämpfen! Andere Formen, mit dem Wüten der ganzen Welt umzugehen, haben es in seinem Grunde nicht verstanden, verharmlosen es.

Franz tritt dem Wolf mit einem Mut und mit einer Stärke entgegen, womit verglichen die Gewehre der Männer von Gubbio nutzlose Geräte sind. Der lautlose Handlungsablauf und eine Sprache der Versöhnung lassen leicht übersehen, welch innere Tatkraft zu solch einem Handeln notwendig ist. Die Legende vom Wolf von Gubbio lässt alle Fragen nach dem Bösen offen, und die »Lösung«, die sie uns anbietet, ist in der Sache widersprüchlich. Doch da sie die Widersprüche nicht zugunsten einer einfachen Lösung aufhebt, ist sie wirklichkeitsgerecht: Man muss dem Bösen entgegentreten, den Wolf bekämpfen, während er seinen Platz im Leben weiterhin erhält.

»Der Kampf ist der Vater aller Dinge«, lautet das berühmte, zumeist wohl nur oberflächlich verstandene Wort des griechischen Philosophen Heraklit (um 500 v. Chr.). In einer christlichen Lebens- und Weltanschauung ist es nicht das erste und auch nicht das letzte Wort. Dennoch gilt:

Kampf ist ein grundlegender und unverzichtbarer Aspekt von Lebendigkeit. Im Kampf setzt ein Mensch sich entschieden und mit ganzer Hingabe für das Leben ein, indem er sich mit den Kräften sowohl in sich und wie auch in der Welt, die das Leben verneinen, auseinander setzt, sie bezwingt. Weil es diese lebensverneinenden Kräfte gibt, die Schwerkraft des Leibes und die Trägheit des Herzens so wie die zerstörenden Mächte von unmenschlich-übermenschlichen Ausmaßen, braucht es ein Verhalten, das man Kampf nennt. Die Alternative dazu ist einerseits die Illusion, das Gute würde sich, gleichsam organisch wachsend, von selbst entfalten, andererseits die Resignation, die den Willen zum Leben aufgegeben hat.

Doch Leben und Lebendigkeit sind nicht etwas Selbstverständliches. Vieles in der Welt und in der eigenen Person leistet der Entfaltung und dem Wachstum des Lebens Widerstand oder versucht, es zu zerstören. Diesen Kräften Einhalt zu gebieten, sie zu überwinden, geht nur in einer fraglosen Einsatzbereitschaft, im Kampf.

Das Leben und auch der Gott allen Lebens sind nicht in harmlos friedlicher Weise da. Wir haben den lebendigen Gott immer nur als Frucht eines Sieges über böse Mächte und Göttlichkeiten dieser Welt.

»Für mich ist der heilige Franz das Urbild des kämpfenden Menschen«, schreibt Nikos Kazantzakis im Vorspruch zu seinem Roman »Mein Franz von Assisi«.

Inwiefern ist dieser Heilige, der den Vögeln und Fischen predigt und den Wolf als Bruder anredet, Urbild eines kämpfenden Menschen? Was zeichnet ihn als Kämpfer aus, was wir für unsere Kampfkunst übernehmen könnten?

Das Erste ist diese unglaubliche Stärke, mit der er nicht nur einen Wolf in seinem Sprung aufhält, sondern sein Jahrhundert und die ganze Welt bewegte. Freilich ist es eine Stärke besonderer Art.

Das zweite Merkmal ist die Leichtigkeit, mit der er handelt. Man kann an Jesus denken, der zum Satan sagte: »›Weiche‹, und er wich.«

Und welchen Mut muss einer haben, mit so scheinbar leichter Rüstung einem Wolf entgegenzutreten.

Diese Gesetze des Handelns, diese Kampfkunst zu erlernen, war Franz von Assisi in die Schule Jesu gegangen. Dort hatte er gelernt, sich einer Kraft zu öffnen und zu überlassen, die – in Liebe – selbst den Tod überwindet. In dieser Schule wurde den Schülern eine Grundanweisung für den gewaltlosen Kampf für ihr Üben weitergegeben: »Darum greift zur Rüstung Gottes, damit ihr an dem bösen Tag widerstehen und, wenn ihr alles überwunden habt, bestehen könnt. So tretet also an, eure Lenden umgürtet mit Wahrheit, angetan mit dem Panzer der Gerechtigkeit, die Füße geschuht mit der Bereitschaft zum Evangelium des Friedens, zu allem aber den Schild des Glaubens zur Hand, mit dem ihr alle feurigen Pfeile des Bösen werdet löschen können. Und nehmt den Helm des Heiles und das Schwert des Geistes, welches ist das Wort Gottes, mit lauter Gebet und Flehen. Betet zu jeder Zeit und wachet« (Epheser 6, 10-18).

Wie auch immer dieser Kampf gegen die Mächte und Gewalten der Zerstörung im Konkreten geführt sein will, es bedarf dazu der Rüstung Gottes. Sie hatte Franz sich von Gott anlegen lassen. Bevor er aufbrach, den Wolf von Gubbio zu bekämpfen, hatte er in dieser gnadenhaften Waffenrüstung Gottes den Wolf der Zerstörungswut in seinem eigenen Herzen bezwungen. Nur deshalb konnte er außen den Kampf gegen die lebensvernichtende Macht des Bösen führen – im Geist des Friedens und der Liebe. Denn die eigene Schwäche und Bosheit abzulegen, ist schon der halbe Sieg. Ein Sieg, der im irdischen Leben nicht endgültig erstritten werden kann.

Dass viele christliche Kämpfe in einem anderen Geist geführt worden sind, gehört zur erschreckenden Schuldgeschichte der Kirche.

»Gelobt sei der Herr, ... der meine Hände den Kampf gelehrt hat« (Psalm 144, 1). Das ist das Dankgebet eines Menschen, der die Welt nüchtern und klar sieht und darum weiß, welcher Einsatz und welches Ringen notwendig sind, der Macht des Bösen im eigenen Herzen und in der äußeren Welt entgegenzutreten, ihm Widerstand zu leisten und es zu bekämpfen, damit das – göttliche – Leben sich in dieser Welt entfalten kann. Der so betet, weiß, dass ein Sieg bei aller eigenen Anstrengung aus eigener Kraft nicht erjagt werden kann, sondern geschenkt werden muss. Er weiß, dass der Kampf nur geführt werden kann im Glauben, verbunden mit der Kraft Gottes, die alle tödliche Macht des Bösen überwunden hat. In diesem Dank weiß der Beter, dass es Kampfes- und damit Glaubensmut erfordert, am Leben Gottes und der Welt teilhaben zu können.

Und er dankt Gott, dass Er und nicht eine Leben vernichtende Macht seine Hände das Kämpfen gelehrt hat.

Der Vorhang der Dunkelheit

Jüdischer Überlieferung zufolge hat Gott große Freude an den Gesängen Davids, den Psalmen, und er hat den zweiten König Israels deshalb seinen Geliebten genannt; lieber noch ist ihm aber Saul, weil dieser leidet, und als Leidender braucht er alle Zuwendung. Die Geschichten von Saul erzählen, wie der erste König Israels auf tragische Weise ums Leben kommt, und von den Momenten der Niedergeschlagenheit im Leben eines Menschen.

Und wenn Gott Saul noch lieber hat als David, dann kann man das auch so verstehen: Die Niedergeschlagenheit, die Verzweiflung, die Hoffnungslosigkeit, die Resignation, in der das irdische Leben verneint wird, haben ihre ausdrückliche Berechtigung. Die konkrete irdische Wirklichkeit mit all ihrem Furchtbaren oder in ihrer Banalität und Absurdität geben genug Anlass für die Haltung Sauls. Er ist augenscheinlich im Recht.

Trotzdem wird ihm das Königtum genommen, weil seine Haltung im Letzten mit der Wirklichkeit nicht übereinstimmt. So geht die Königswürde über auf den Hirten und Sänger David.

Bekannt und immer wieder dargestellt ist der Hirtenjunge David mit der Steinschleuder, der den Riesen Goliath besiegt. David ist von seinem Wesen her ein Tänzer und Sänger und gestaltet in dieser Grundhaltung sein Leben. Nach biblischer Überlieferung schrieb er die 150 Psalmen. Dargestellt wird er zumeist als Harfenspieler, als Musiker. Der Sänger und Liedermacher wurde zu Saul bestellt, um ihm vorzuspielen, wenn die Depression über ihn kam.

Von David können wir Hinweise bekommen, worin

die Problematik des Depressiven besteht, und vor allem Anregungen zu einem hilfreichen Tun, einer not-wendenden Praxis.

Bei dem Dichter Joseph von Eichendorff (1788–1857) heißt es: »Schläft ein Lied in allen Dingen, / die da träumen fort und fort. / Und die Welt hebt an zu singen, / triffst du nur das Zauberwort.« Der Sänger David rührt, ob es ihm bewusst ist oder nicht, an das Zauberwort, das auch in allen Menschen schläft. Er bringt mit seinem Harfenspiel etwas zum Klingen, was, verständlicherweise, meistens von ganz anderem übertönt wird.

Ein depressiver Mensch – Saul – erfährt ständig Verlust und Mangel, ein »Zu-wenig-Haben« und ein »Zu-wenig-Sein«. Wodurch auch immer in der Lebensgeschichte diese Haltung und Einstellung begründet ist, die Auswirkung ist eine Hemmung im Nehmen und im Für-sich-haben-Wollen. So traut sich Saul, obwohl er von Gott berufen ist, die Königswürde nicht zu. Er versteckt sich lieber beim Tross (1 Samuel 10, 17-27).

Bescheidenheit, Verzicht, Bedürfnislosigkeit und Hingabe erscheinen als Tugenden, wo es stattdessen angebracht wäre, selbstverständlich die Hand nach einem erwünschten Gut auszustrecken. Das biblische Wort »Geben ist seliger als Nehmen« (Apostelgeschichte 20, 35) darf nicht zur vorherrschenden Lebensregel werden. Denn damit ist die Gefahr verbunden, dass ein Mensch gegen seine Grundstruktur lebt. Nicht nur muss ein Säugling erst und reichlich nehmen, auch der Erwachsene muss dies können, sonst verleugnet er seine letztlich unaufhebbare Abhängigkeit. Nicht die Abhängigkeit ist ein Problem, sondern der Mangel an erfahrener Erfüllung und die daraus folgende Resignation, in der die Möglichkeit von Erfüllung im Leben grundsätzlich bezweifelt wird.

Damit lebt ein Mensch im Widerstreit mit sich. Man kann nur so tun – aus Enttäuschung –, als ob man nichts Gutes mehr erwartet im Leben. Auf einer grundlegenden Ebene ist diese Dynamik hin zum Guten unzerstörbar. Der grundlegende Lebensimpuls hofft auf Erfüllung. Diese Hoffnung ist aber schon ein Geschenk, eine Gnade. Was aber soll einem depressiven Menschen ein Geschenk nutzen, wenn er es nicht nehmen könnte? Dies drückt sich in der Frage Samuels an Saul (in 1 Samuel 15, 17) aus: »Bist du nicht, obwohl du dir gering vorkommst, das Haupt der Stämme Israels?« Saul nimmt das Königtum innerlich nicht an.

Saul ist nur vordergründig bescheiden und auch nicht demütig genug Gott gegenüber, denn das hieße, ihn über alle Maßen sein zu lassen. Saul greift deshalb bei Davids Harfenspiel zum Speer, um ihn zu töten, weil er nicht ertragen kann, dass David im Gegensatz zu ihm selbst in der Lage ist, seine besondere Erwählung durch Gott als Chance zu begreifen. Saul vermag die Größe seiner Erwählung nicht zu leben. Er traut Gott und sich im Grunde nicht genug zu. Erst nachdem David vom Volk als König bevorzugt wird, fordert Saul das ein, was zu diesem Zeitpunkt schon verspielt ist. Das Harfenspiel Davids setzt Saul in seiner Haltung ins Unrecht. In seiner falschen Bescheidenheit ist Saul überheblich. Er stellt sich letztlich über Gott, weil er seine Berufung zuinnerst nicht anerkennt.

Indem David singt, musiziert, nimmt er den Ton auf, der, allem zum Trotz, in die Welt und in die Menschen hineingelegt worden ist. »Und die Welt hebt an zu singen, triffst du nur das Zauberwort.«

Indem David singt, greift er das Gotteswort des siebten Schöpfungstages auf: »Gott sah, dass es gut war.« Indem ein Mensch singt, verbindet er sich mit diesem Zauberwort, und indem er sich mit dieser Bejahung verbindet – und damit mit seinem grundlegenden Selbstwertgefühl –, vermag er zu singen. Denn Gesang, Musik, Kunst überhaupt sind der besonders gestaltete Ausdruck dieser grundlegenden Bejahung. Israel hat sein ganzes Beten Lobpreis (Psalter) genannt, wobei dieses Wort im Hebräischen Bejahung und Bekennen heißt.

Der Depressive ist für sich bedürfnislos und nimmt nicht oder weigert sich zu nehmen – bei zugleich bestehender hoher Anspruchs- und Erwartungshaltung. Er ist bedürfnislos für sich, oft aus Enttäuschung, das heißt in einer resignativen Haltung. Seine Angst besteht darin, dass er anderen zur Last fallen könnte. Seine Vorstellung geht nicht dahin, dass andere ihm ebenso gern auch geben, wie er es umgekehrt tut. Doch dessen hält er sich nicht für wert, und er bleibt anderen vorzugsweise nichts schuldig. Denn Nehmen verpflichtet und raubt die Unschuld: Wenn man von einem anderen etwas genommen hat, schuldet man ihm Dank, eine Gegengabe. Damit würde der Depressive seine Position aufgeben müssen, die ihn notwendig über andere erhebt.

Aus der Zwickmühle kann ihn nur die Einsicht befreien, dass ein Mensch zu einem guten Leben unglaublich viel nötig hat und nicht sein maßloser Antrieb das Bedenkliche ist, sondern dass er diesen verleugnet.

Es gibt auch die Weigerung zu nehmen aus einem Mangel an Demut, wenn ein Mensch nur das Unendliche will und sich weigert, das Begrenzte zu nehmen. Zugleich fehlt es ihm – paradoxerweise – an dem Mut, nach dem Unendlichen wirklich auszugreifen, sich seinen maßlosen Impuls zuzugestehen.

Der Depressive lebt in seiner Bedürfnislosigkeit gegen die Grundstruktur der Wirklichkeit, aus welchen Gründen auch immer. Er ist selber für sich nicht bedürftig und vollzieht nicht den grundlegenden menschlichen Akt, für sich etwas anzunehmen. Er lässt sich nicht beschenken, und wo er beschenkt wird, wäre dies eigentlich nicht nötig gewesen, so dass er das Geschenk nicht beherzt und dankbar annimmt. Deshalb scheitert Saul.

In seiner Bedürfnislosigkeit will der Depressive mit weniger zufrieden sein, als es menschenmöglich ist. David dagegen hat die Fähigkeit, das übergroße Angebot Gottes beherzt anzunehmen und sein unfassbares Glück in Dank und Lob, tanzend und singend, zum Ausdruck zu bringen. Saul bleibt dies versagt, doch da läge der Ausweg für ihn.

Diesen Ausweg für Saul und die »Lösung David« hat Rembrandt (1606–1669) in seinem Bild »Saul und David« (Mauritshuis, Den Haag) dargestellt: Das Bestimmende in diesem Bild ist der nacht-dunkle Vorhang, der die Mitte des gesamten Bildes einnimmt und Saul vom harfenspielenden David trennt. David aber könnte mit seinem selbstvergessenen Spiel Saul nur erreichen, sozusagen tonangebend für dessen Leben werden, wenn Saul sich von der Musik Davids wirklich anrühren ließe. Er käme damit zu einer grundlegenden Bejahung seines Lebens und vermöchte dies in einer ihm angemessenen Weise zum Ausdruck zu bringen.

Rembrandt hat die biblische Geschichte von Saul und David tief genug verstanden, indem er in äußerster Vereinfachung die Lösung für Saul andeutet: Zum Leben des Menschen gehört die Spannung von Licht und Dunkelheit, Selbstzweifel und unbekümmertem Selbstbewusstsein.

Das Bild Rembrandts lässt offen, ob Saul, indem er den Vorhang ergreift, sich den Blick auf David versperrt oder ob er – schon angerührt von Davids Musik – sich seiner Trauer öffnet und mit dem Vorhang seine Tränen trocknet. Das wäre die beginnende Heilung vom quälenden Geist der Depression: sich ergreifen zu lassen vom »Zauberwort«, auszugreifen nach dem Begrenzten, aber Erreichbaren – hier der verwandelnden Musik Davids – und offen zu werden für die Zumutung Gottes, der Saul für unbedingt wertvoll erachtet. Dann würde Saul das erfahren, was der Betrachter des Bildes von außen sofort erkennt: Der in Rembrandts Bild von Gott Beschienene, Erleuchtete, ist nicht David sondern Saul. Zöge Saul den Vorhang der Dunkelheit beiseite und nähme er Kontakt auf mit der wahrnehmbaren Wirklichkeit, würde er, statt depressiv in sich versunken zu sein, von Davids Ton angerührt, den Blick heben und die Wirklichkeit überhaupt wieder wahrnehmen. So könnte er des Lichtes in der Welt ansichtig werden.

Der Umweg

In dem Moment, als die Tür ins Schloss gefallen war, war die Zeit unserer Sesshaftigkeit zu Ende und wir Menschen wurden zu Reisenden, genauer: zu Weltreisenden.

Seit Adam und Eva die geschlossene Tür des Paradieses in ihrem Rücken hatten, befanden sie sich im »status viatoris« – wie es die christliche Theologie sehr viel später formulierte. Von da an leiden wir Menschen an zwar irdisch unheilbarem doch zugleich heilsamem Reisefieber. Und es ist für Leib und Seele so notwendig wie Kinderkrankheiten oder Viren und Bakterien, solange sie nicht außer Kontrolle geraten.

In die Welt aufzubrechen, war die Tat, erwachsen zu werden. Die Alternative dazu: vor der verschlossenen Tür sitzen zu bleiben mit dem kindlichen Wunsch, sie möge sich wieder öffnen. Diese mangelnde Ablösung vom Elternhaus hätte nicht nur lebensuntüchtig gemacht, sondern das Erwachsenwerden verhindert.

Reisende zu sein ist seit dieser Frühgeschichte unsere innere Bestimmung. So versteht die christliche Tradition den Menschen in seinem irdischen Leben als »homo viator« – als »Mensch auf dem Weg«. Das bedeutet, dass wir von innen heraus angetrieben werden, uns auf den Weg zu machen, wollen wir unserer Wesensstruktur nicht widersprechen.

Da wir in uns noch eine Ahnung davon tragen, wie beglückend es war, mit dem Herrn im Garten Eden zu lustwandeln, erleben wir unser Dasein als Reisende manchmal als eher mühsam und schmerzlich, und wir spüren eine Sehnsucht nach dieser verlorenen paradiesischen Sesshaftigkeit mit ihrem unbeschwerten Dasein. »Doch das Paradies ist verriegelt und der Cherub hinter uns; wir müssen die Reise um die Welt machen und sehen, ob es vielleicht von hinten irgendwo wieder offen ist« (Heinrich von Kleist, »Über das Marionettentheater«).

Die Erzählung vom Ursprung unseres, in gewisser Weise erzwungenen, Reiselebens enthält eine kleine Episode kurz vor dem Reiseaufbruch Adams und Evas, die uns ermutigen könnte zu Zeiten, in denen wir die Mühen der Weltreise als besonders drückend erleben. Selten wird sie erwähnt. Diese Erzählung hat nur die Länge eines Satzes: »Gott, der Herr, machte Adam und seiner Frau Röcke aus Fellen und bekleidete sie damit« (Genesis 3, 21). So, liebevoll, ausgerüstet beginnen sie ihr outdoor-Experiment, wie man es im Tourismuszeitalter nennen könnte.

Der Schmerz angesichts unseres Heimatverlustes sowie die manchmal übergroßen Mühen unseres Lebens als Weltreisende können von Zeit zu Zeit in uns den Wunsch aufsteigen lassen, vorzeitig wieder sesshaft werden zu wollen, oder auf dem schnellsten und kürzesten Weg wieder dorthin zu gelangen, von wo wir zu unserer Weltreise aufgebrochen sind. Formen der Reise- und damit der Lebensverweigerung gibt es vielfältige, oftmals gut getarnt. Mancher tritt die ihm zugemutete Weltreise gar nicht erst an, ein anderer versucht gleichsam vertikal zurückzureisen, um schnellstmöglich in die Sicherheit des umfriedeten Gartens Eden wieder einzukehren. Und die Geschichte der christlichen Spiritualität enthält zahlreiche Anleitungen, in denen hauptsächlich vor der Gefährlichkeit des Reisens gewarnt wird und in denen die Glaubenden vor allzu viel Reiselust bewahrt werden sollen.

Im Gegensatz dazu gibt ein östliches Weisheitswort dem Reisenden eine Empfehlung auf seinen Lebensweg mit, die ihm ein gutes Voranschreiten und ein sicheres Ankommen ermöglichen soll; ihr folgend, kann der Reisende Welt- und Lebenserfahrung gewinnen und sein Ziel erreichen: »Wer es eilig hat, mache einen Umweg.«

Wir, die wir die »Entdeckung der Langsamkeit« für technisch längst überholt halten, erfragen, gerade wenn wir es eilig haben, die kürzeste und schnellste Reiseverbindung zu unserem Ziel, da wir unterstellen, diese sei die richtige, zumindest die einzig zeitgemäße, die für uns in Betracht komme. Dagegen behauptet diese Lebensmaxime in der sprachlich fast widersinnigen Formulierung, dass der Umweg der einzig gangbare Weg ist, in besonderer Weise für einen »eiligen«, also einen sehr zielorientierten Menschen.

Verständlich ist der Wunsch nach Geradlinigkeit in unserem Leben. Doch einen Lebensweg, der seine Erfüllung findet, gibt es überwiegend nur in der Gestalt eines Umwegs. Die Alternative zum Lebensumweg kann eine so starke Ausrichtung auf ein Ziel sein, dass es durch diese Verengung gerade verfehlt wird. Weiterhin kann diese Haltung das Leben erfahrungsarm machen. Und sie kann zu einer inneren oder äußeren Unbeweglichkeit führen, die einen Menschen unfähig werden lässt, auf die nicht vorhersehbaren Wechselfälle des Lebens angemessen zu reagieren.

Zu zielstrebigem Umweg fordert unser Reiseführer auf, nicht zum Trödeln oder Reiseaufschub. In seiner paradoxen Formulierung stellt er die Notwendigkeit zur Eile nicht in Frage, und so lassen sich mit diesem Satz Formen der Verzögerung oder der Unentschlossenheit im Lebensziel oder im Handeln nicht rechtfertigen.

Weil es zu dem Lebensweg mit seiner Möglichkeit, sich zu vergehen, keine sinnvolle Alternative gibt, will sich einer mit der Frage nach dem richtigen, dem kürzesten Weg oftmals das Gehen mit seinem Wagnis und seinen Mühen ersparen. Als scheinbar vernünftige Frage sabotiert sie deshalb das Leben. Außerdem unterstellt sie, hätte man nur mehr Wissen, könnte man den »eigentlich« richtigen und damit schnelleren Weg zum Ziel schon kennen, bevor man ihn gegangen ist. Da man ihn aber noch nicht kennt, macht es, scheinbar, keinen Sinn, schon zu gehen.

Von einem jungen Mann, der von seinem Vaterhaus aufbricht und sich in das fremde Leben wagt, dessen Selbstvertrauen so stark ist, dass er keine Berührungsängste gegenüber der Welt hat; der sich in Welten traut, die ihm von seinem wohlbehüteten Elternhause her fremd sind; der so selbstsicher ist, dass er es wagt, sich an das Leben zu verlieren; der aufgrund der Liebe seiner Eltern in sich ein Urvertrauen trägt, dass er sich dem Leben hingibt, bevor er schon die Zusage eines guten Ausgangs sicher hat, und der dann voller Lebenserfahrung in sein Elternhaus zurückkehrt, davon erzählt die biblische Geschichte, die diesen jungen Mann den »verlorenen Sohn« nennt (Lukas 15, 11-32). Nicht die Geschichte selber, wohl aber ihre übliche Ausdeutung suggeriert, es hätte eine bessere Alternative zu diesem Lebensumweg gegeben. Doch ist unsere Erzählung ganz wirklichkeitsgerecht, als in ihr anerkannt wird, dass der Lebensweg durch die Welt führen muss und nicht um sie herum oder aus ihr heraus. Denn nur ein solcher Weg mitten in und durch die Welt machte diesen jungen Mann lebenserfahren und wissend. Und die Freude des Vaters bei der Heimkehr seines Sohnes ist deshalb groß.

Mit dieser Geschichte wird modellhaft der Weg zu dem Wissen davon, was im Leben letztendlich trägt, zum Glauben – wie man dieses existenzielle Wissen auch nennen kann – vorgezeichnet. Und das Provokante an dieser Geschichte ist, dass sie eine andere, problemlosere Möglichkeit ausschließt, dieses Wissen und damit den Glauben zu erlangen. Diesen anderen, umweglosen Weg lässt die Erzählung den Bruder wählen. Er, der stets daheim geblieben ist und kein Gebot des Vaters übertreten hat, der zu leben nicht gewagt hat, er ist voller Neid und Vorwurf, als er die Liebe seines Vaters seinem jüngeren Bruder gegenüber sieht.

Er kann die Freude über die Rückkehr seines Bruders nicht mitempfinden.

Lässt man sich auf die Logik dieser Erzählung ein, kann sie zu einiger Verwirrung führen, einem ungläubigen: »Das kann doch nicht wahr sein, das ist doch ungerecht!«

Ein junger Mann bittet seinen Vater, ihm sein Erbteil auszuzahlen, er packt seine Sachen zusammen, zieht in die Welt und bringt sein Geld in einem ausschweifenden Leben durch. Als es ihm dann schlecht geht, verdingt er sich als Schweinehirt. In dieser Situation geht er in sich und beschließt, zu seinem Vater zurückzukehren. Als der Vater seinen Sohn sieht, wird er von Mitleid und Liebe gerührt, und er veranstaltet aus Anlass der Rückkehr seines Sohnes ein Freudenfest. Dieser junge Mann, von dem sein älterer Bruder zu seinem Vater zornig sagt, dass er sein Vermögen mit Dirnen durchgebracht hat, wird uns als Leitbild hingestellt. Wer so lebt wie dieser junge Mann, über den herrscht Freude im Himmel.

»Zu Recht!«, sagen der Psychotherapeut und auch der Theologe. Denn in dem Maße, in dem er seine Bedürfnisse und Leidenschaften auslebte, hat er die Erfahrung gemacht, was ihn wirksam zufrieden stellt und glücklich macht. Aus eigener Erfahrung weiß der »verlorene Sohn«, wessen er zum Leben bedarf. In dem Maße, in dem er alles wagte, bis zum Mangel, bis zum Nicht-Sein, kann er sich besinnen und neu orientieren. Wie diese Erfahrung möglich wurde und inwiefern sie uns Modell sein kann für ein von Liebe erfülltes Leben, dazu muss man »nur« der Logik der Geschichte folgen und verstehen, welche innere Einstellung und welche Haltung zur Welt uns in dieser Gestalt vorgegeben wird. An der Gestalt des »verlorenen Sohnes« wird ablesbar, wie Leben glücken kann und Grund findet zum Freudenfest.

Im Vertrauen in seine Fähigkeiten, in der Welt zurechtzukommen, zog der »verlorene« Sohn aus dem Elternhaus fort. Vorbehaltlos hat er sich dem Leben hingegeben, ohne Angst, sich darin zu verlieren. Der Möglichkeit, sich zu verirren und auch zu scheitern, ist er nicht in ängstlichem Sicherheitsbedürfnis ausgewichen. Auch wenn er leichtsinnig war, erspart hat er sich das

Leben nicht, so, als ob er schon früh geahnt hätte, dass man sich wohl das irdische Leben ersparen kann, die Erfüllung »ewigen« Lebens in dieser Haltung von Sparsamkeit aber nicht zu erreichen ist. Hierin – gottgleich – hat er sich an die Welt verausgabt.

Die triebhafte Seite seiner menschlichen Natur hat er nicht verleugnet, auch auf die Gefahr hin, ihr zu verfallen. Da er vom Leben nichts ausgespart, vielmehr es in seinem vollen Umfang kennen gelernt hat, brauchte er nicht enttäuscht unerfüllten Wunschträumen hinterherschauen. Weil er den Mut und die Entschlossenheit hatte, in die Welt zu gehen und sich dem Leben hinzugeben, konnte er mit demselben Mut die Verantwortung für sein Leben in diesem Scheitern übernehmen und zu seinem Vater gehen. Er konnte sich eingestehen, dass er sich vergangen hatte. Als er, so erfahren, heimkehrte, tat er es als einer, der viel über das Leben am eigenen Leibe und in den Tiefen seiner Seele erfahren und gefühlt hatte.

Als Wissender kehrt er zurück. Der Reformator Martin Luther hat dieses Wissen sehr treffend auf den Begriff gebracht, indem er schrieb: »Pecca fortiter – sei bereit, entschlossen, dich schuldig zu machen, dich zu vergehen!« Denn die Vorstellung, es gäbe einen Lebensweg ohne existenzielle Schuld, ohne dieses Sich-Vergehen, ist ein schlimmes Missverständnis. Erst die Bereitschaft, Schuld auf sich zu laden, macht wirksam handlungsfähig. Andererseits lässt der Versuch, Sünde und Schuld zu vermeiden, nur zögerlich ins Leben gehen, macht damit aber das Leben klein und schwach. Das Gleichnis kann man somit lesen als eine Ermutigung zum Leben. Dem Lebensängstlichen in seiner Abwehrhaltung gegen die Welt und ihrer Notwendigkeit zur Schuld wird es wohl eher als Bedrohung erscheinen. Doch, um fruchtbar sein zu können in der Welt, ist es nötig, seine Unschuld zu verlieren. Und nicht zu leben und zu handeln bedeutet, sich noch viel tiefer am Leben zu versündigen, zu vergehen. Und an dem älteren Bruder ist abzulesen: Das ungelebte Leben lässt manchen Menschen – und sei es im Alter – bitter-böse werden.

Es braucht den Mut, uns selbst so an das Leben zu verlieren, dass wir aus eigener Erfahrung wissen, was wir zum Leben nötig haben und wie sehr wir der Erlösung bedürfen.

Es braucht den Mut, uns so – gottgleich – an die Welt zu verausgaben, dass wir nur noch unser nacktes Dasein haben, um zu erfahren, dass wir des bloßen Daseins wegen liebenswürdig sind.

Und dieses Wissen um seine bedingungslose Liebenswürdigkeit ist das Zweite, was er am Ende seiner Reise in sich trägt. Ohne diesen Weg, den man wegen seiner Vergehen auch einen Umweg nennen kann, hätte er dies Wissen in seiner Tiefe nicht erwerben können.

Das Gleichnis in seiner vordergründigen »Unlogik« hat seine eigene Kraft und Wirkung. Von unserem Alltag her gedacht, ergeben sich jedoch zahlreiche Fragen und Einwände, einerseits selbstverständlich und zu Recht. Doch wenn sie dem Gleichnis seine Kraft und Wirkung nehmen, verlieren sie die Berechtigung trotzdem.

Das Gleichnis folgt der Logik des Erzählens und wirkt auf einer Ebene der Seele, die man Unbewusstsein nennen kann. Die zu Recht gestellten Fragen kommen vom

Bewusstsein und Verstand mit einer anderen Logik. Wenn man dies anerkennt, sieht man die Grenzen der Erzählung: Weil »der verlorene Sohn« sein Leben bis zum Nullpunkt ganz verausgabt hat in dieser Welt und schuldig wurde, erfährt er seine unaufhebbare Liebenswürdigkeit. Wer die erleben will, muss so leben: ins Leben gehen in dem Wissen, sich unvermeidlich in und an ihm zu vergehen. Dies ist wohl, was sich einzig als Verhaltensregel aus dem Gleichnis ableiten lässt. Wer mehr will, muss woanders lesen.

Und natürlich: Viele Lebensumwege gibt es ohne Umkehr und liebevolles Ende im irdischen Leben. – Das Gleichnis ist an mich gerichtet mit der Frage: Gehe ich?

Und auch: Einem Missbrauch gegenüber ist das Gleichnis wehrlos.

Doch eine Wegweisung zu einem erfüllten Leben, die Um- und Irrwege ersparen oder zu meiden lehrt, erkennt nicht an, dass, seit Adam und Eva ihre Reise um die Welt angetreten haben, Schuld, Sünde und Vergehen ihre Begleiter sind. Sich fraglos auf die Welt einzulassen, kann demütig machen, um die überfließende Wirklichkeit des Himmels schon auf Erden aufnehmen zu können. Wer das aber übergeht oder leugnet, führt nicht nur nicht in den »Himmel«, sondern ins Nirgendwo.

Der Reisende aber, der sich in die Welt begeben hat, in ihr auch fehlgegangen ist, weiß am Ende, wenn er Mut und Kraft hat umzukehren, um seine bedingungslose Liebenswürdigkeit.

Deshalb kann aus seinem Dasein der Glanz himmlischer Festfreude strahlen. Und der Jubelton, in dem die

Kirche den großen Preisgesang der Osternachtliturgie, das »Exultet« mit seinem dunklen Wort von der »felix culpa« – »der glücklichen Schuld« –, anstimmt, wird zum »cantus firmus«, zum Grundton seines Lebens.

»Da wurden ihre Augen geöffnet ...«

»Da wurden ihnen die Augen geöffnet«, heißt es im Lukasevangelium (24, 31). Mit dieser schlichten Aussage wird der fundamentale Wechsel in der Weltanschauung der beiden Männer beschrieben, die sich auf dem Weg nach Emmaus mit Jesus unterhalten und anschließend mit ihm zu Abend gegessen haben. Und in Folge dieser Öffnung erkannten sie Ihn.

Zuvor aber waren ihre Augen »gehalten«, wie die Lutherbibel übersetzt, und deshalb erkannten sie Ihn nicht. Mit den beiden Sätzen: »Ihre Augen waren gehalten, dass sie ihn nicht erkannten« und »Da wurden ihre Augen geöffnet, und sie erkannten ihn«, wird ein Vorher und ein Nachher ins Wort gebracht, ohne dass beide Zustände beschrieben würden, noch mitgeteilt wird, wie und wodurch dieser Wechsel sich eigentlich vollzogen hat.

Wenn die Einheitsübersetzung die alte Formulierung »ihre Augen waren gehalten« ersetzt durch: »Ihre Augen waren mit Blindheit geschlagen«, so erscheint mir dies nicht nur als Versuch, das Unverstandene in scheinbar anschaulichere Worte zu fassen. Vielmehr wird, ohne die Art der Wahrnehmung und ihrer Änderung besser verstanden zu haben, dieser frühere Zustand einseitig pathologisiert, als krankhaft hingestellt.

»Ihre Augen waren gehalten.« – Dies ist der lebensnotwendige Normalzustand unserer Augen. In ihm schließt ein Mensch viele Gesichtspunkte seines Lebens aus, ist für sie blind, um sich in den so gesetzten Grenzen orientieren zu können.

Insofern ist diese Blindheit als Gehaltensein der Augen eine »Krankheit«, die mit dem endlichen Leben gegeben ist. Versucht man diese biblische Redewendung von den gehaltenen Augen auf dem Hintergrund moderner neurobiologischer und neuropsychologischer Erkenntnisse über die menschliche Wahrnehmung zu verstehen, erweist sie sich als sachgerecht und auch heute sinnvoll und nachvollziehbar. Denn zum Grundwissen zeitgenössischer Hirnforschung gehört die Erkenntnis, dass menschliche Wahrnehmungsprozesse »konstruktivistisch und zugleich wenig objektiv sind«, wie der Direktor des Max-Planck-Instituts für Hirnforschung, Wolf Singer, es beschreibt.

Auch wenn man den radikal-konstruktivistischen Ansatz, nach dem die Wirklichkeit einzig in der menschlichen Wahrnehmung begründet ist, nicht teilt, so liefert doch andererseits der Fotoapparat kein angemessenes Modell mehr für den komplexen Vorgang menschlicher Wahrnehmung. In unserem alltäglichen Verständnis gehen wir zumeist davon aus, dass wir etwas »an sich« wahrnehmen und nachträglich noch deuten. Wie sehr das Vorhandensein von Deutungsschemata und damit die Möglichkeit zur Deutung die Seh- und Erkenntnisfähigkeit erst schafft, darauf verweist uns die Forschung mit ihrer Frage: »Wie kommt die Welt in den Kopf?« (»Reise durch die Werkstätten der Bewusstseinsforscher«; Ulrich Schnabel/Andreas Sentker, Hamburg 1997) und mit ihren Erkenntnissen über die Komplexität dessen, was wir einfachhin »Sehen« nennen. Ohne eine Zusammenhalt gebende Deutungsstruktur verliert sich die Welt in sinnlose, unverstehbare Einzelteile, und die Person löst sich in ihrer Struktur auf und zerfällt.

Verkürzt gesagt, ist das für einen Menschen wahrnehmbar, wofür er Denk-, Vorstellungs- und Glaubensmuster ausgebildet hat und was er entsprechend seinen Überzeugungen für möglich und wahrscheinlich hält. Wahrnehmbar ist, was vom bisher Bekannten nicht zu sehr abweicht.

Schon die alte Erzählung vom »Sündenfall« (Genesis 3, 7) wusste, wie sehr das Sehen vom Bewusstsein und seiner Struktur abhängig ist. Durch das Essen der Frucht wurden ihre Augen aufgetan, und sie wurden gewahr, dass sie nackt waren. Durch das Essen des Apfels änderte sich das Bewusstsein von Adam und Eva so, dass jeder den anderen anders wahrnahm.

In der Redewendung vom Gehaltensein der Augen kann ein doppelter Aspekt zum Vorschein kommen, nämlich das Gefangen- und Befangensein sowie das gute Aufgehobensein im Sinne von Geborgenheit und Schutz. Gefangen zu sein in den Grenzen seiner Weltanschauung kennt viele Formen, banale, alltägliche und sehr grundsätzliche mit historischer Dimension. Ihr gemeinsamer Nenner ist, »dass nicht sein kann, was nicht sein darf«. Eine Änderung in der Sicht der Dinge verlangt vom Menschen ein Umdenken und eine Umkehr, eine Umorientierung in der Lebenspraxis. Mit welchem Widerstand da zu rechnen ist, dafür sind die Kardinäle, die sich weigerten, durch Galileis Teleskop zu schauen, das überdimensionale Beispiel gewöhnlichen Verhaltens.

Dem Psychotherapeuten gehört es zur täglichen Erfahrung, wie Menschen, gefangen in ihren kognitiven

Konzepten, wie der Fachausdruck heißt, in ihren Denk- und Vorstellungsmustern, in Glaubenssystemen, in der Wahrnehmung der Welt beeinträchtigt und behindert sind. Beispielsweise: Gehalten in der Unterstellung, von anderen Menschen nicht geliebt zu sein, wird der Betreffende alle unscheinbaren Zeichen von freundlicher Aufmerksamkeit in seiner Umgebung übersehen oder missdeuten. Umgekehrt wird einer, der unterstellt, von allen Menschen seiner Umgebung mit bösem Blick verfolgt zu werden, dies auch so sehen. Diese subjektive Konstruktion der Wirklichkeit anzuerkennen an Stelle eines fruchtlosen Kampfes um die (einzig) richtige Wirklichkeit, ist nicht nur ein Problem, mit dem sich Menschen mit schweren psychischen Krankheiten konfrontiert sehen. In unseren alltäglichen Beziehungen erfordert es schon ein großes Maß an Respekt, der Sichtweise des Partners nicht ihre Berechtigung abzusprechen, vielmehr anzuerkennen, dass er eine eigene, gleichberechtigte, sehr persönliche Sicht der Welt hat.

Gebunden an die zeitgeschichtlich-gesellschaftlichen Prägungen und damit Einschränkungen erhält die Sehfähigkeit erst eine innere Struktur, die eine zusammenhängende Wahrnehmung ermöglicht. Weil es Deutungsmuster gibt, ist Sehen überhaupt möglich.

Vom Ereignis der Auferstehung Jesu wird man wohl unterstellen können, dass es den Erwartungshorizont der Jünger und ihr aktuelles Fassungsvermögen überfordern musste. Wie sollten die in ihrer Weltsicht gehaltenen Augen der Jünger »die Herrlichkeit Gottes auf dem Angesicht Christi« (2 Korinther 4, 6) zu erkennen vermögen? »Ihre Augen waren gehalten.« – Als menschliche

Augen, die in ihrem Sehvermögen von ihren Verstehensmöglichkeiten eine natürliche Grenze erfahren, wie sollten sie nicht in der Wahrnehmung des auferstandenen Jesus weiterhin »gehalten« sein? Auferstehung Jesu als Erhöhung und Verherrlichung durch Gott ist vom menschlichen Welt- und Glaubensverständnis nicht denk- und vorstellbar – und damit nicht wahrnehmbar. Da die Erscheinungen Jesu alles menschliche Vermögen übersteigen, kann es auch ein Geschenk der Gnade sein, dass unsere Augen gehalten sind, angewiesen, zu glauben, während wir nicht sehen. Zu unterstellen, wir würden es verkraften, wenn unsere Augen aufgingen, unvorbereitet, wie wir normalerweise sind: Dazu muss man eine sehr harmlose Gottesvorstellung haben.

Saulus jedenfalls, als er sich Damaskus näherte, um »die Anhänger des neuen Weges« gefesselt nach Jerusalem zu bringen, wurde plötzlich von einem Licht vom Himmel umstrahlt. Er stürzte zu Boden. Als er sich erhob und die Augen öffnete, sah er nichts, und er war drei Tage blind (Apostelgeschichte 9).

»Da wurden ihnen die Augen geöffnet.« Die Erzählung von den Emmausjüngern ist die Geschichte von zwei Menschen, die auf eine neue Art zu sehen lernen mussten. In seiner Auferstehung hat Jesus die Wirklichkeit der Welt um eine Dimension erweitert. Diese Dimension der österlichen Heilswirklichkeit wahrnehmen zu können, dazu bedurfte es spezifischer Kategorien und einer besonderen »Sehkraft« (Blaise Pascal), die sich in diesem neuen Daseinszusammenhang neu ausbilden musste. Die neue Wirklichkeit erforderte ein neues Sehen. »Das Erste, was Gott der Seele eingibt, die er sich wirklich zu berühren würdigt, ist eine ganz außerordentliche Erkenntnis und Blickkraft, durch welche die Seele die Dinge und sich selbst in einer ganz neuen Weise betrachtet« (B. Pascal, zitiert nach Romano Guardini, »Christliches Bewusstsein«). Diese geschenkte Möglichkeit, die Wirklichkeit mit den Augen des Glaubens »im Lichte der Erlösung« (Adorno) zu sehen, ist, was den Menschen beglückt und mit Freude erfüllt.

»Zum Sehen geboren, zum Schauen bestellt« – mit dieser Gedichtzeile von Goethe (aus »Lynkeus der Türmer«) lässt sich die Lehre vom irdischen Glück und der endgültigen Vollendung des Menschen, wie sie die christliche Tradition überliefert, zusammenfassen. In dem kleinen Büchlein »Glück und Kontemplation« (1957) schreibt der Philosoph Josef Pieper: »Der leibhaftige, geschichtliche, ›irdische‹ Mensch verlangt im Grunde danach zu sehen, er verlangt sogar, streng genommen, nach nichts anderem. Wer die letzte jenseitige Erfüllung mit dem Wort ›Schauen‹ – visio beatifica – benennt, wie es die christliche Tradition tut, der hat eben damit gesagt, dass auch der hiesige Mensch ein letzten Grundes nach Schauen verlangendes Wesen sei.« Selbst wenn wir heute geneigt sind, diese Exklusivität der Augen gegenüber den anderen Sinnesorganen zu relativieren, in Bezug auf das Verständnis unserer Erzählung und der Erscheinungen Jesu kann uns die Lehre von der »Schau« mit allem Nachdruck darauf aufmerksam machen, dass Gott wahrnehmbar ist in dieser Welt.

Wenn das Auge des Menschen aufgrund der neuen Blickkraft befähigt ist, »immerdar durch Tränen … der Sonne liebes Licht« zu sehen (Eduard Mörike, »Verborgenheit«), wird es leuchtend und das Leben erfährt Erfüllung.

Auf die Frage, wie diese Wahrnehmung denn möglich werden kann, gibt es sachlich begründet selbst von denen, die davon wissen, keine Auskunft, weil in dieser die gesamte Person ergreifenden Wahrnehmung kein Teil ausgeklammert bleibt, der dann nachträglich als Zuschauer davon berichten könnte. Diese Grenze ist unaufhebbar. Trotzdem wird man in einem Bildwort andeuten können, worin denn die Verfassung der geöffneten Augen bestanden hat und für uns besteht, und wie somit das Gehaltensein als Behinderung, den auferstandenen Jesus in seiner Verherrlichung schauen zu können, »geheilt« wurde.

Den beiden Männern wurde etwas geschenkt. Die heilende Alternative zu den gehaltenen Augen sind die hellen, die erleuchteten Augen. Die Augen wurden geöffnet, sehfähig gemacht, durch ihre innere Erleuchtung. In ihnen kann die göttliche Herrlichkeit in Kontakt treten mit dem gnadenhaft geschenkten Sehvermögen. Das erleuchtete Auge hat gleichsam eine innere Struktur, die der Herrlichkeit notwendig entspricht. Ohne diese Erleuchtung, das Glaubenslicht, ist der österliche Glanz im Grunde dieser Welt nicht wahrnehmbar.

Sosehr diese Erleuchtung ein Geschenk der Gnade bleibt, gibt es doch diesseits der Grenze Formen der Einübung und Möglichkeiten der Vorbereitung.

Einen ersten Hinweis können wir von dem Kriminaltechniker Nyberg erhalten. Nachdem er Kommissar Wallander seine grundlegende Erkenntnis über die Kunst des Sehens mitgeteilt hatte (»Die Brandmauer«, Wien

2001), empfiehlt dieser Nyberg, an der Polizeihochschule einen Vortrag zu halten: »Die Kunst zu sehen, was man sieht«. In seinem Vortrag würde er als unabdingbar die Bereitschaft nennen, dass der Betrachter seinen bisherigen Standort wechselt, wie bei einem Kunstwerk einen Schritt zurück- oder beiseitetritt und so das Bekannte aus einer neuen Perspektive sieht. Der Perspektiven- und Einstellungswechsel ermöglicht, etwas in einer völlig anderen Art und Weise zu sehen, was man sein Leben lang gesehen und verstanden hat.

Die Erzählung von den Jüngern auf dem Weg nach Emmaus gibt einen weiteren Hinweis. Die Notwendigkeit der Unterweisung, der »Information«. »Und er fing an bei Mose und allen Propheten und legte ihnen aus, was in der Schrift von Ihm gesagt war« (Lukas 24, 27). In den meisten Religionen gibt es eine Form der Unterweisung, der Belehrung über die Glaubenswahrheiten, ihr rechtes Bedenken. Indem Jesus den beiden Männern die Schrift erklärt und Verständnis weckt für seine Auferstehung im Zusammenhang der Überlieferung und der Glaubensüberzeugungen des Volkes Israel, hilft er ihnen, ein Deutungsmuster für ein bisher nicht nachvollziehbares Ereignis aufzubauen. In diesem neuen Verstehenszusammenhang konnte Jesus sich zu erkennen geben, da er erkannt werden konnte.

In einer entfalteten Lehre vom Öffnen der Augen, in einer theologischen Wahrnehmungslehre, muss der Erleuchtung und dem Gebet um sie breiter Raum geschenkt werden. So verwendet der Verfasser des Epheserbriefes die wunderbare Metapher von den »Augen des Herzens« (1, 18), um deren Erleuchtung er betet.

Die erleuchteten Augen als Voraussetzung, die Herrlichkeit Gottes zu schauen, sind Gabe des Heiligen Geistes. Vermutlich stimmt die Unterstellung, dass auch dies Formeln der Überlieferung sind, die wir in ihrem Inhalt höchstens noch in Ansätzen verstehen. Ein Anfang zu einem erweiterten Verständnis könnte gemacht werden, wenn wir die Ahnung, das brennende Herz in seiner Sehnsucht ernst nehmen und wagen, mehr zu tun, als wir bereits verstehen, damit dann im Tun ein Verstehen zuteil werden kann. Psychologisch betrachtet führen Menschen immer Selbstgespräche, wiederholen innere Formeln, in denen sie ihr Verhalten vorbereitend unterstützen oder verhindern. »Kognitive Umstrukturierung« ist der Fachbegriff für ihre Analyse und Änderung. Ähnlich kann ein Gebetswort, häufiger wiederholt, eine innere Vorbereitung schaffen für das Geschenk der Erleuchtung, das Licht des Glaubens.

»Zünd unsern Sinnen an dein Licht«, übersetzt Angelus Silesius eine Zeile aus dem Hymnus »Veni creator spiritus« – und damit hat er alles Gebet um Erleuchtung auf die kürzeste Formel gebracht, weil Erleuchtung zuinnerst durch den Heiligen Geist geschieht.

»Da wurden ihre Augen geöffnet ...« In diesem Schauen geht es um die Wahrnehmung überirdischer Schönheit, österlichen Lichtes und Glanzes – in dieser Welt. In unserem durchschnittlichen Bewusstsein ist nicht klar, welch mutigen Herzens es bedarf, sowohl darum zu bitten als auch sich für diese göttliche Herrlichkeit die Augen öffnen zu lassen. Es bedarf dazu der Haltung eines Kindes, das in märchenhafter Klarheit, entgegen aller gesellschaftlichen Vereinbarungen, seiner Wahrnehmung der Wirklichkeit traut.

Die beiden Jünger auf dem Weg nach Emmaus sind, weil sie Jesus nicht als verherrlicht wahrnehmen können, traurig im Schatten des Todes gehalten. Die Öffnung der Augen befreit sie daraus. In Seinem Lichte sehen sie Licht. »Erleuchte meine Augen, dass ich nicht sterbe«, bittet der Psalmbeter (13, 4). Er scheint zu wissen, dass eine Welt, die nicht mit erhellten Sinnen wahrgenommen wird, das Herz nicht erfüllt und den ganzen Menschen nicht lebensfroh macht. So kann sich im Zusammenhang dieser biblischen Erzählung wohl die Bitte formulieren: Mach hell meine Sinne, um die himmlische Melodie, die mit der Schöpfung in die Welt eingestimmt ist, hören zu können und um das »fließende Licht der Gottheit« (Mechthild von Magdeburg), in dem sie mit der Verherrlichung Jesu in seiner Auferstehung erneuert wurde, schauen zu können, so dass mein Fuß auf dem Weg des Lebens schreiten kann.

Die Übersteigung

»Der Mensch übersteigt den Menschen um ein Unendliches«, formuliert der französische Mathematiker und Philosoph Blaise Pascal (1623–1662), und deshalb ist der ausschließlich natürliche, endliche Mensch eine Unmöglichkeit. Daher nennt Pascal folgende Aufgabe, die gelöst sein muss, damit Leben gelingen kann: »Lerne, dass der Mensch den Menschen unendlich übersteigt« (Fragment 336). Will der Mensch endlich leben, muss er seine Grenze übersteigen wollen. Selbst da, wo sie als lebensfördernd, gar als göttliches Geheimnis verstanden und anerkannt wird, bleibt sie Einschränkung, schließt sie gegen das unendliche, grenzenlose Leben ab. Pascal schreibt im Fragment (R) 227, »dass es im Menschen ein gewaltiges Prinzip der Größe gibt«. Dieses Prinzip der Größe, dieser – oftmals verborgene – Instinkt, der aus der Größe übrig geblieben ist, bewegt und drängt den Menschen, die Grenze zu überwinden, die zwar sein Leben in seiner Einzigartigkeit sichert, darin aber begrenzt und klein hält. In seiner innersten Grenze grenzt er an die unendlichen Schöpfungs- und Lebensmöglichkeiten Gottes. Wie sollte er sich diese nicht zu Eigen machen wollen, um so, gottgleich, unendlich zu leben?

Voreilig könnte man an die Sündenfallgeschichte denken, an unrechtmäßige Anmaßung, Überheblichkeit, Größenwahn oder an den »Gotteskomplex« (Horst Eberhard Richter). Doch warum sollte der Mensch, der im Bilde Gottes geschaffen ist, sich dieses Bild nicht aneignen wollen und dürfen? Der aus dieser Größe übrig gebliebene Instinkt will ausgelebt werden. Berücksichtigt man deshalb, dass der Mensch von diesem Gottesbild geprägt ist, dass er der göttlichen Natur teilhaftig geworden ist (2 Petrus 1, 4), er also diesen göttlichen Antrieb zur Grenzüberschreitung in sich trägt, dann gerät eine Anleitung zum endlichen Leben nicht in Gefahr, den Menschen auf ein untermenschliches Maß einzuschränken.

Durch die gesamte biblische und christliche Tradition zieht sich das Wissen um diese unvergleichliche Größe des Menschen. Und andere Religionen wissen um etwas Ähnliches.

»Größe der menschlichen Seele«, heißt eine Zeile in Pascals »Memorial«, dem Dokument, in dem er die Erfahrung der Wirklichkeit Gottes in der Nacht des 23. November 1654 schriftlich aufbewahrt hat. Gerade im Erlebnis dieser göttlichen Wirklichkeit wird für Pascal erfahrbar, dass das Menschliche den Charakter der Größe hat.

Der Mystiker Johannes Tauler schreibt: »Wisset: wäre es möglich, dass man den Geist (des Menschen) im Geiste (Gottes) sehen könnte, man hielte ihn (den Menschengeist) ohne Zweifel für Gott.« Und: »Könnte sich der Mensch in dem Zustand (der Ungeschaffenheit) sehen, sähe er sich derart edel, dass er vermeinte, ganz Gott zu sein. Und er sähe sich hunderttausendmal edler, als er in sich selbst ist.« Deshalb ist das Ziel irdischen Lebens für Tauler die beginnende »Vergottung« des Menschen.

Endlich lebend macht man immer wieder die Erfahrung, dass man sich an seinen Grenzen stößt. Wäre der Mensch widerspruchslos endlich, gäbe es diese Erfahrung des Anstoßens nicht. Darin wird deutlich, dass ihn eine innere Dynamik treibt, seine Grenzen zu überwinden, zumindest ständig hinauszuschieben. Nur endlich leben zu wollen, hieße deshalb, seinen elementarsten Lebensantrieb zu unterdrücken. Endlich leben ist deshalb nur möglich, indem einer unendlich leben will. Genau an dieser Stelle mag nun verständlich werden, dass dieser Sachverhalt, wenn man ihn ohne die Gnade Gottes ausschließlich menschlich denkt, der Quadratur des Kreises gleichkommt. Denn der endliche Mensch kann zwar unendlich leben wollen, in gewisser Weise muss er es sogar, aber er kann es nicht aus seinem eigenen endlichen Vermögen. Er muss unbedingt er selbst sein wollen, ohne es selbst sein zu können. Angesichts dieses Dilemmas gibt es zwei Fallstricke: Er kann sich resignativ dem nach Unendlichkeit strebenden Lebensimpuls verweigern oder diesen unendlichen Impuls mit aller Gewalt und Rücksichtslosigkeit ausleben, was man im eigentlichen Sinne als Sündenfall bezeichnen kann. Das Problem ist nicht, dass der Mensch gottgleich sein will. Das muss er sogar wollen! Sondern, dass er dies in eigener autonomer Verfügung sein will. Das Problem ist auch nicht, dass er nicht er selbst sein will, sondern dass er seine Größe und die Berufung zu seiner Größe kleinmütig verzagt verleugnet.

Die christliche Lehre vom Menschen versteht ihn als »Homo viator«, als Wanderer. Damit ist gemeint, dass er von einem letztlich ins Unendliche zielenden Bewegungsimpuls getrieben wird. Nun gibt es ein vorzeitiges Haltmachen, ein Nicht-weiter-Wollen oder -Können oder aber, bei aller Umtriebigkeit, eine falsche Zielrichtung. Ersteres wäre die Acedia, die Trägheit des Herzens, die

Kleinmütigkeit und die hoffnungslose Verzweiflung. Das zweite wäre die Vermessenheit, die das unendliche Ziel bezwingen will wie einen hohen Berggipfel. Im ersten Fall hat ein Mensch nicht den Mut zu seiner wahren Größe, im zweiten gibt er sich, letztendlich und entgegen allem Schein, mit zu wenig zufrieden.

Die Erschaffung des Menschen endet am sechsten Schöpfungstag mit einer besonderen Gutheißung durch Gott. Von allem Anfang an ist in den Menschen ein unendliches Gewollt- und Geliebtsein hineingelegt.

Das endliche Leben, das sich der Grenzen wie auch des unendlichen Lebensimpulses bewusst bleibt, lässt sich mit Sören Kierkegaard kennzeichnen als »Leidenschaft für das Mögliche«. In dieser Haltung wird gerade das endliche Leben aus seinem unbedingten, unendlichen Lebensgrund gelebt. In der Leidenschaft für das Mögliche wird die ganze Widersprüchlichkeit von Endlichkeit und Unendlichkeit bewahrt und verwirklicht. In ihr werden die Grenzen des Lebens respektiert und zugleich offen gehalten hin zu seinem unendlichen Grund. So wird die Ahnung von der Größe der Welt und des Menschen beibehalten auch im Anblick der Grenzen der Wirklichkeit. In der Leidenschaft für das Mögliche erhält sich das aktive Engagement im Wissen um das begrenzte Ergebnis.

Bei der Frage nach dem, was für solch ein leidenschaftliches Leben notwendig ist, in dem ein Mensch sich vorbehaltlos der Dynamik seines Lebens überlassen kann, ließe sich einiges aufzählen. Eines aber ist unabdingbar: ein Mut, der das Leben wagt. Ein Mut, der an dem großen Bild seines Lebens auch da hoffend festhält, wo die weltliche Verwirklichung ganz enge Grenzen gesetzt hat, hoffend auf ein ewiges Leben. Es braucht einen Mut, der das Leben mit seiner Möglichkeit des Scheiterns riskiert und der es Gott zutraut, dass dieser das endliche Leben zu einem guten Ende ins ewige Leben führt.

Die Steilwand des Himmels

Die Gesichter der Männer waren bei ihrer Rückkehr vom Gipfel gezeichnet von ihren Erfahrungen am Berg. Alt und grau im Gesicht, wie ein Gespenst, war der eine. Das Gesicht des anderen aber strahlte ein Licht aus.

Der moderne Extrembergsteiger kam zurück aus »eisigen Höhen«, aus der Todeszone der Bergwelt. In »Der nackte Berg« beschreibt Reinhold Messner seine Erlebnisse am Nanga Parbat.

Auch der zweite hatte sich hinaufgewagt in die Todeszone – die Todeszone des Gottesberges Sinai. Die Bibel erzählt das so: »Der Herr und Mose redeten miteinander Auge in Auge, wie Menschen miteinander reden. ... Dann sagte Mose: Lass mich doch deine Herrlichkeit sehen! Der Herr gab zur Antwort: Ich will meine ganze Schönheit vor dir vorüberziehen lassen und den Namen des Herrn vor dir ausrufen. Ich gewähre Gnade, wem ich will, und ich schenke Erbarmen, wem ich will. Weiter sprach er: Du kannst mein Angesicht nicht sehen; denn kein Mensch kann mich sehen und am Leben bleiben. Dann sprach der Herr: Hier, diese Stelle da! Stell dich an diesen Felsen! Wenn meine Herrlichkeit vorüberzieht, stelle ich dich in den Felsspalt und halte meine Hand über dich, bis ich vorüber bin. Dann ziehe ich meine Hand zurück, und du wirst meinen Rücken sehen. Mein Angesicht aber kann niemand sehen. ... Steig am Morgen auf den Sinai, und dort auf dem Gipfel des Berges stell dich vor mich hin. Am Morgen stand Mose zeitig auf und ging auf den Sinai hinauf, wie es ihm der Herr aufgetragen hatte. Der Herr aber stieg in der Wolke herab und stellte sich dort neben ihn hin. Mose blieb dort beim Herrn vierzig Tage und vierzig Nächte. Er aß kein Brot und trank kein Wasser. ... Während Mose vom Berg herunterstieg, wusste er nicht, dass die Haut seines Gesichtes Licht ausstrahlte, weil er mit dem Herrn geredet hatte. Als Aaron und die Israeliten Mose sahen, strahlte die Haut seines Gesichtes Licht aus, und sie fürchteten sich, in seine Nähe zu kommen. Und so legten sie einen Schleier über sein Gesicht« (Exodus 33–34).

Das Geheimnis der Berge gründet in ihrer Gestalt, in der sie alles auf der Erdoberfläche überragen. Diese Gestalt verweist uns nach oben, nach einem Oben, das immer noch höher ragt als das irdische Oben der Berge selbst. Deshalb wird seit Menschengedenken der Berg in seiner Höhe gesehen als Wohnstatt Gottes. In seiner überragenden Gestalt ist er ein Symbol Gottes und der Götter. In diesem Wissen betet der Psalmist: »Ich hebe meine Augen auf zu den Bergen: Woher kommt mir Hilfe?« (Psalm 121, 3)

Und in diesen Höhen weitet sich der Blick und das Leben. Die Grenzen verlieren sich am Horizont in unendlicher Weite. Der Berg, »die Steilwand des Himmels« (Ingeborg Bachmann) ist ein großes Gottesbild, ein Bild Gottes in seiner Unermesslichkeit.

Mit dieser Einsicht, in säkularer Sprache formuliert, schließt der Bergsteiger Reinhold Messner sein Buch »Der nackte Berg« ab: »Wenn der Nanga Parbat zum Schicksalsberg geworden ist, dann nicht, weil ein Dämon ihn beherrscht, nein, einfach deshalb, weil er so unendlich viel größer ist als wir Menschen. Dieser erhabene Berg, an dessen Flanken ich mir immer noch verloren vorkam.«

Es ist diese Seite Gottes, die der Berg seit alters symbolisiert. Der Gott, der sich in die Welt eingelassen hat, konnte dies – christlich gedacht –, weil er sie unendlich transzendiert, übersteigt. Und vielleicht haben wir das Bewusstsein für diese Seite Gottes, für den »Deus semper maior«, angesichts seiner Menschwerdung verloren. Wenn man nur um die Größe Gottes weiß, hat man im christlichen Verständnis von Gott nur wenig verstanden. Denn: Das größere Geheimnis, Rätsel und Ärgernis ist die Menschwerdung Gottes. Aber sie erschließt sich nur, wenn man auch um den Gott in der Höhe weiß. Von der »Erhöhung« Jesu her, seiner Auferstehung, wird sein irdisches, weltliches Leben verständlich, scheint seine innere Logik auf.

Und von diesem Gott in der Höhe, der alles weltliche Maß unendlich überschreitet, erhalten alle anderen Gottesbilder ihre Kraft. Der Berg, das Bergmassiv macht diese Kraft mit allen Sinnen spürbar. »Gewaltig ist in den Höhen der Herr«, spricht der Psalm diese Erfahrung aus (93, 4).

Und: Ohne diesen Gott in der Höhe werden unsere Gottesbilder nicht nur kraftlos, sie werden auch farb- und glanzlos, nichts mehr scheint in ihnen auf.

In der Höhe bietet sich dem Menschen ein unbeschreibliches Naturschauspiel dar, ein wunderbares Lichtspiel, denn Höhe und Licht gehören zusammen wie Höhle und Finsternis. Das irdische Licht der Berge, das Leuchten der Gipfel, das Alpenglühen künden von einem weit wunderbareren Licht, dem Urlicht selbst.

Wie zeitgenössische Bergsteiger dies erleben, so durf-

te Mose dieses Licht, die strahlende Schönheit Jahwes, sehen. Und der Prophet Ezechiel schaut in einer seiner großen Visionen: »Die Herrlichkeit des Herrn stieg aus der Mitte der Stadt empor; auf dem Berg im Osten der Stadt blieb sie stehen« (Ezechiel 11, 23). Der dieses überhelle Licht gesehen hat, ist glücklich, und er dankt dem »Gott in der Höhe« »ob seiner großen Herrlichkeit«.

Mit diesem Gottesbild ist für den Lebensweg des Glaubenden geradezu vorgegeben, dass er – auch – ein Weg in diese Höhe ist, ein Aufstieg auf den Gottesberg, dass er zumindest immer wieder aufblickt zu den Höhen, von wo ihm Hilfe kommt.

Ein Berg, so ist es die Auskunft von Bergsteigern, will bestiegen werden, einzig, weil er da ist. Der Berg ruft, wissen sie. Um wie viel mehr gilt das von dem Berg, auf dessen Gipfel Gott wohnt.

Von dem spanischen Mystiker und Kirchenlehrer Johannes vom Kreuz (gestorben 1591) haben wir eine Anleitung, wie ein Mensch sich bereitmachen kann, um auf den Gipfel des Gottesberges zu gelangen, und mit welchen Mitteln es ihm möglich ist, »die Steilwand des Himmels« zu begehen, um sich dort »vom lauteren, einfachen Licht Gottes erhellen und in Besitz nehmen zu lassen«. Das nächstliegende Mittel für diesen Aufstieg, gleichsam die Leiter, die man für diese Ersteigung benötigt, ist der Glaube. Der Glaube als ein Ausdruck von Mut, wie der Theologe Karl Rahner formuliert.

Mut, so kann man umschreibend sagen, ist das Wissen von dem, was gefürchtet und was gewagt werden soll. Beängstigend, Furcht einflößend ist für uns Menschen das, was nicht berechenbar und kontrollierbar ist, worüber wir letztendlich keine Verfügungsgewalt haben. Das Ergebnis unseres Tuns ist daher für uns nicht vorhersehbar. In diesem Sinne ist das Leben grundsätzlich beängstigend. Und zu leben fordert von uns Lebensmut. Um lebendig zu bleiben, braucht es den Mut zu schöpferischem Handeln. In ihm wird gewagt, Altes durch Neues zu ersetzen und eine Zukunft zu gestalten, wofür das Alte und die Gegenwart keine Berechnungsgrundlage bieten. Dem Leben neue Möglichkeiten, ihm individuell und gesellschaftlich eine Zukunft zu eröffnen, braucht das Wagnis zu einem Tun, das nicht schon durch Tradition und Gewohnheit abgesichert ist. Der Mut, sich mit dem unauslotbaren, schöpferischen Lebensursprung zu verbinden, der Mut zu Versuch und Irrtum, zu Erfolg und Scheitern, der Mut zur Ohnmacht und Unsicherheit des Nichtwissens hält das Leben in Bewegung und lässt es wachsen. Wo dieser Mut fehlt, erstarrt das Leben. Insofern ist Mut unabdingbar zum Leben.

Der Berg, gesehen als Wohnstatt Gottes, zu dem Menschen hinaufsteigen, ist nicht nur ein großes Gottesbild, es ist auch ein großes Lebensbild. In ihm können wir der grundlegenden Herausforderung unseres Lebens gewahr werden.

Ein Berg will bestiegen werden, um die eigenen menschlichen Grenzen und die Möglichkeit, sie zu überschreiten, kennen zu lernen. Im Anblick eines Berges kann bewusst werden, welcher Wagemut, welches Verantwortungsbewusstsein und welcher Einsatz nötig sind, ein Lebensziel, einen Gipfel zu erreichen.

Er ist Sinnbild dafür, dass wir Menschen in unserem Herzen die Dynamik einer Bewegung tragen, die ins Unbegrenzte, in den Himmel, in die Grenzenlosigkeit Gottes führt. Wer sagt: »ich glaube«, überlässt sich dieser nicht mehr abzusichernden Dynamik mit Leib und Seele. Wer sagt, ich glaube an Gott, überlässt sich dieser inneren – göttlichen – Dynamik hinein in den unermesslichen, unbegreiflichen Gott. Wer glaubt, sagt, dass er sich zu seiner Lebenserfüllung um ein Unendliches übersteigen muss. Dass dieser Glaube eine Tat des Mutes ist, steht außer Frage.

Vielleicht ist es eine Ahnung von der Größe der uns Menschen möglichen und zugedachten Lebenserfüllung, die manche Bergsteiger treibt, oftmals waghalsig, all die Strapazen auf sich zu nehmen, um einen Gipfel zu ersteigen, und eine gigantische Dimension der Welt zu erleben, die in der Enge des Tales nicht wahrgenommen werden kann.

Und möglicherweise können uns diese säkularen Bergsteiger etwas in Erinnerung rufen und vermitteln, was die unserer Welt so fremde Denkweise und Sprache eines Johannes vom Kreuz in seinem Buch »Aufstieg auf den Berg Karmel« nicht mehr anzusprechen vermag: In unser Herz ist ein Impuls nach Lebenserfüllung eingegeben. Und dieser Impuls langt in seiner Dynamik über alle endlich-begrenzten Ziele hinaus, wenn wir ihn nicht kleinmütig verzagt abbremsen. In uns lebt ein Verlangen nach Erfüllung von erschreckender Maßlosigkeit. Von unserem Wesen her sind wir unstillbar und unersättlich – es sei denn, Gott selber in seiner alles endliche Maß übersteigenden Größe wird uns zuteil. In scheinbarer Bescheidenheit kann unser Verlangen nach dieser Lebenserfüllung geleugnet werden, was letztlich eine geheime Lebensangst bedeutet. In einer »Verzweiflung der Schwachheit« (Kierkegaard), in der jemand verzweifelt nicht so groß sein will, wie es ihm von Gott zugedacht ist, kann er sich dem Verlangen verweigern.

In der Formulierung Karl Rahners lautet dies: »Der Mensch ist die mit der Unendlichkeit Gottes begabte Endlichkeit. Das Christentum sagt das eine: Die absolute Fülle, unbegreiflich und namenlos, ist zur inneren Herrlichkeit der Kreatur geworden, wenn diese sie nur annimmt.«

Danach zu streben, um sie anzunehmen, erfordert den Mut des Glaubens.

Es geht um den Mut, sich von dieser überragenden Größe Gottes herausfordern zu lassen, weil sich mit ihr unser Leben erfüllt.

Wenn man bei Johannes vom Kreuz wie auch in den Berichten der Bergsteiger liest, welche Mühen der Aufstieg kostet, welche Nächte durchgestanden werden müssen und wie überwältigend die Erfahrung auf dem Gipfel sein kann, mag man die Bemerkung des dänischen Philosophen Sören Kierkegaard (1813–1855) verstehen: »Die tiefste Angst ist die Angst vor Gott und die höchste Erlösung von der Angst ist die durch Gott.« Zuteil wird sie uns im Mut des Glaubens.

»Er nahm sie mit auf einen hohen Berg; da ward er verwandelt vor ihnen: Sein Gesicht erstrahlte wie die Sonne«, so wird von der Verklärung Jesu vor seinen Jüngern Petrus, Jakobus und Johannes erzählt (Matthäus 17). Und Petrus ruft aus: »Herr, gut ist es, dass wir hier sind.« Und er schlug vor, auf dem Gipfel drei Hütten zu bauen.

Im Mut des Glaubens lässt einer sich mitnehmen zu diesem Aufstieg, übersteigt, was er aus sich selbst heraus als Mensch sein kann, um auf dem Gipfel das strahlende Licht Gottes zu schauen.

Gibt es zu diesem Wagemut eines Menschen, in dem er sich das Große zumutet und sich dafür bereitmacht, einen Gegenpol in uns, in unserer Seele? Nach der klassischen christlichen Lebenslehre ist das die Acedia, eine der sieben Hauptsünden. Unter ihr versteht man eine Trägheit und Traurigkeit der Seele: Die Acedia ist ein Mangel an Hochgemutheit; sie will sich das Große nicht zumuten, das der Natur des Christen gemäß ist. Sie ist eine Art von angsthaftem Schwindelgefühl, das den Menschen befällt, wenn er der Höhe inne wird, zu der ihn Gott erhoben hat. Der in der Acedia befangene Mensch hat weder den Mut noch den Willen, so groß zu sein, wie er wirklich ist. Er möchte lieber weniger groß sein, um sich so der Verpflichtung der Größe zu entziehen.

Es ist leichter, sich in seine eigene Leere fallen zu lassen, als die Mühen des Aufstiegs auf sich zu nehmen. Aber es ist nicht mutig und ist nicht stimmig, und es verhindert die Erfüllung unseres Lebens.

Ich hebe meine Augen zu den Bergen empor, denn daher kommt mir die Hilfe. Denn der dies tut – im Glauben –, gar hinaufsteigt auf den Gottesberg, kann etwas zu Gesicht bekommen, was nur auf diese Weise sichtbar werden kann. Denn die erste und letzte Gabe des Berges ist das Höhenlicht. Wenn ihm auch nicht wie Mose die Schau der Lichtgestalt Gottes geschenkt wird, so kann er doch, wie die Jünger, die Menschenwelt durchstrahlt wie von Sonnenlicht sehen. Und aus dieser Schau geht er selber leuchtend in die Welt.

Eine Vision zu haben von ihren großen, hellen Möglichkeiten bei Gott, was brauchte unsere Welt dringlicher und wäre hilfreicher? Was könnte zukunftsweisender sein?

»Ich hebe meine Augen zu den Bergen empor!«

Endlich leben

»Accept no limits« – »Akzeptiere keine Grenzen« liest man auf dem Werbeplakat eines Reiseunternehmens; abgebildet ist darauf ein Düsenflugzeug, von dem die Reisenden hoffen, dass es dennoch am erträumten Urlaubsziel sicher landet.

In sehr unterschiedlichen Zusammenhängen werden wir aufgefordert, grenzenlos zu leben. Die Werbung sagt uns ständig unterschwellig, dass ein grenzenloses Leben das intensivere und erfülltere sei. Grenzen seien dazu da, dass man sie verneint, in welcher Form auch immer. Hätten wir die Wahl, würden wir nicht endlich leben wollen.

Doch zum irdischen Leben gehört ganz natürlich die Grenze dazu. Wir müssen uns daher klar machen, dass das eigene Leben und seine Grenze gleich ursprünglich sind.

Individuell bestimmtes Leben gibt es nur zugleich mit der unterscheidenden Grenze.

Die biblische Erzählung vom Ursprung des Kosmos und des irdischen Lebens ist eine Geschichte der Grenzziehung durch Gott. Er scheidet das geschaffene Licht von der Finsternis. Mit einem Gewölbe scheidet er das Wasser unterhalb des Gewölbes von dem oberhalb. Er schafft die verschiedenen Tiere. Und zur Erschaffung des Menschen heißt es: »Gott schuf also den Menschen als sein Abbild; als Abbild Gottes schuf er ihn. Als Mann und Frau schuf er sie« (Genesis 1, 27). In der Sprache christlicher Theologie heißt das: Die Welt und alles in ihr ist da, weil Gott etwas von sich Verschiedenes gewollt und abgegrenzt und es gerade darin zugleich in sich unterschieden hat. Diese Grenzziehung ist ein Moment unseres Ursprungs. So berührt man an der Grenze das Rätsel und Geheimnis des Lebens-Ursprungs.

Alle menschlich-schöpferischen Vollzüge tragen in sich dasselbe Gestaltungsprinzip der Grenzziehung. Unterscheiden, Bestimmen, Festlegen und Ausschließen kennzeichnen zuinnerst jeden gestalterischen Prozess. Die Grenze ist nicht erst der Abschluss oder die Vollendung eines Werkes. Weil also der Umgang mit der Grenze wesentlicher Bestandteil eines schöpferischen Lebens überhaupt ist, gehört zur Kreativität, zur Gestaltungsfähigkeit nicht einseitig nur »künstlerische Freiheit«, sondern der Mut und die Kraft zur Form und zur Festlegung und damit das Wissen um die lebensfördernde Notwendigkeit von Grenzen.

»Es gibt keine Lebenskunst ohne eine Verständigung über den Tod«, schreibt der Autor Markus Barth in seinem Buch »Carpe diem – Lebe den Tag. Von der Endlichkeit und der Kunst zu leben«. Die Grenze am Lebensende macht deutlich, was sie im Lebensanfang schon war: Indem sie trennt und unterscheidet, öffnet sie den Weg ins Leben, letztendlich ins »ewige Leben«.

»Endlich leben«: Wenn einem die Lebensursprünglichkeit der Grenze klar ist, dann ist die Alternative zum endlichen Leben nicht das unendliche menschliche Leben, sondern das Verspielen des Lebens oder die Lebensverweigerung. »Endlich leben« dazu gibt es, im christlichen Verständnis, auch über den Tod hinaus keine Alternative. Denn auch nach dem Tod bleibt die

Grenze zwischen Gott und allem in der je eigenen Grenze Geschaffenen bestehen.

Der Religionsphilosoph Bernhard Welte formuliert dies unter der Überschrift »Im Spielfeld von Endlichkeit und Unendlichkeit« so: »Die Endlichkeit hat so etwas wie einen innersten Punkt, in dem sie konzentriert erscheint. In ihm fällt sie mit dem Dasein des Menschen selber zusammen. Ich bin ich selbst und nur ich selbst. ... Niemals werde ich ein anderer sein, vielmehr immer nur dieser eine sein können und zugleich sein müssen: ich selbst. In diesem Punkte konzentriert sich, unscheinbar zwar, aber gleichwohl in äußerster Schärfe, alles, was an Endlichkeit in allen Entfaltungsbereichen des Menschen angetroffen werden kann. In diesem Punkt fällt die Endlichkeit mit dem Selbst des Daseins zusammen.«

Dass ein Mensch eine ihm schicksalhaft zugemutete zerstörte Lebensgestalt nicht als einzigartigen Wert erleben kann, sondern durch sie möglicherweise in Verzweiflung gestürzt oder gar in die Selbsttötung getrieben wird, ist nachfühlbar. Und im Blick auf ein Leben, das vom Betroffenen nur als einzigartige Missgestalt wahrgenommen und erlitten wird, noch annehmen zu sollen, es sei so von Gott gewollt und habe bei ihm einen Wert, kann in tiefste innere Ausweglosigkeit und zu einer menschlich unlösbaren Infragestellung des Glaubens führen.

Auch wenn dieses einmalige Festgelegtsein auf sich selbst, auf »das Gesetz, wonach du angetreten«, in die schlimmsten Sackgassen führen kann, ist es nicht aufhebbar.

»So musst du sein, dir kannst du nicht entfliehen, so sagten schon Sibyllen, so Propheten; und keine Zeit und keine Macht zerstückelt geprägte Form, die lebend sich entwickelt«, heißt es in »Urworte, orphisch« bei Goethe in der Strophe mit der Überschrift »Dämon«. Leben kann, trotz allem, ein Mensch nur einzigartig, unverwechselbar oder gar nicht. Aufgrund dessen kann man unterstellen, dass das Glück des Lebens nicht in seiner ständigen Offenheit zum scheinbar möglichen Anderen liegt, sondern darin, seine bestimmte Form frei zu wählen und darin seine Wahrheit zu suchen. Bewusst wird die Einzigartigkeit schließlich dort, wo die Lebensgrenze in ihrer ganzen Unausweichlichkeit wahrnehmbar ist. »Wenn die Stunde meines Todes gekommen ist, bin ich nicht mehr vertretbar. Insofern ist der Tod einer der ganz wenigen Vollzüge der Existenz, in denen die Unvertretbarkeit des eigenen Lebens deutlich sichtbar wird. Vergleichbar ist der Tod in dieser Hinsicht nur noch mit dem Glauben und der Liebe« (Markus Barth). In dieser Unvertretbarkeit an der Todesgrenze drückt sich paradox eine ungeheure, vom Lebensanfang an bestehende Wertschätzung für den individuellen Menschen aus.

»Die Frage der Fragen« – so heißt eine kleine chassidische Geschichte, die den Gedanken auf den Punkt bringt: Vor seinem Ende sprach Rabbi Sussja: »In der kommenden Welt wird man mich nicht fragen: ›Warum bist du nicht Mose gewesen?‹ Man wird mich fragen: ›Warum bist du nicht Sussja gewesen?‹« Endlich leben ist demzufolge die Aufforderung, einzigartig zu leben. Da diese Einzigartigkeit zum Geheimnis der Schöpfung gehört, kann sie den Augen der Welt verborgen bleiben.

Endlich leben als Fähigkeit, sich der Dynamik des Lebens vorbehaltlos zu überlassen, enthält den Wunsch und die Hoffnung, dass sich das Leben glücklich und ganz erfüllt. Schon in dieser Redewendung klingt mit, dass es so etwas wie eine Grenze und ein Maß gibt, woran sich die Erfüllung misst, um sagen zu können: Es ist genug. So verstehen wir Maßlosigkeit und Gier eher als Ausdruck einer seelischen Störung. Unsere Vorstellungen vom Glück sind stets mitgeprägt vom Bild der Hand, des Herzens oder einer anderen Art Gefäß, in die es, in den Grenzen seines Fassungsvermögens, aufgenommen wird. Ein grenzenloses Fassungsvermögen ist ein Widerspruch in sich. So kann es Erfüllung nur in den irdischen Grenzen geben. Und es macht manchmal die Not der Mystiker aus, dass Gott mit seiner unendlichen Gnade das menschliche Fassungsvermögen übersteigt und den Menschen in seiner leibhaften Verfassung zu zerstören droht.

So bittet Teresa von Avila Gott, es genug sein zu lassen mit dem Geschenk seiner Gnade, was heißt: Er möge die Grenzen ihres irdischen Fassungsvermögens berücksichtigen. Der Wunsch nach einer grenzen- und maßlosen Erfüllung ist dann lebensfeindlich, wenn er mit der Vorstellung verbunden ist, dass dazu die Grenzen irdischen Lebens aufgelöst werden müssten. Auch da kann man von Mystikern lernen. Sie kennen die Erfahrung, von der Unendlichkeit des Gegenstandes überwältigt zu sein, welche die leidvolle Erfahrung der eigenen menschlichen Grenze mit beinhaltet.

Psychologisch wird man sagen können, dass gerade stabile Ich-Grenzen, eine stabile Ich-Struktur, die Voraussetzungen sind, ein großes Glück zu fassen. Eine überwältigende Erfahrung ohne diese Stabilität als Voraussetzung führt zu einer Zerstörung der Person, wie man es nicht nur bei Drogenabhängigen beobachten kann. Im Zen-Buddhismus wird in der strengen Disziplin der Meditation das Gefäß für die »große Erfahrung« bewusst erarbeitet, und die christlich-kontemplativen Mönche haben für diese Arbeit die Formel »Bete und arbeite« geprägt.

In dem Roman des tschechischen Schriftstellers Milan Kundera »Die unerträgliche Leichtigkeit des Seins« wird eine auf den ersten Blick sonderbare Frage aufgeworfen: »Was soll man im Leben wählen, das Schwere oder das Leichte?« Natürlich neigt unsere gewöhnliche Trägheit dazu, das Leichte zu wählen. Aber wäre der Verzicht auf das Schwere – so Kundera – nicht auch Verzicht auf das Gewicht »intensivster Lebenserfüllung«? Menschen haben oftmals die illusionäre Vorstellung, wenn es mit ihrem Leben richtig ginge, dann wäre alles von Anfang an leicht. Das Schwere, wofür es sich zu entscheiden gilt, begegnet an und in der Grenze, in der manchmal so furchtbar begrenzten irdischen Welt mit ihren Absurditäten. Die Aufgaben und Herausforderungen, die diese Grenzen darstellen, anzunehmen und zu ihrer Lösung und Bewältigung beizutragen, das erst schafft ein Selbstwertgefühl und erfüllt mit Zufriedenheit. Vor allem aber bildet sich im so Handelnden eine Haltung heraus, die dem Ernst des Lebens und damit dem des Glücks und der Erfüllung entspricht.

Gott ist schön

»Nüchternheitssubjekte« nennt der Philosoph Peter Sloterdijk Menschen in ihrer gegenwärtigen, alltäglichen Normalverfassung. Und die Alternative dazu, das Gegenbild, ist nicht der Alkoholiker, der Drogenabhängige, sondern der Ekstatiker, der begeisterte Mensch, der aus einem inneren Überschwang heraus sagt: Das Leben ist schön.

Und der Philosoph schreibt weiter: »Das Sich-fallenlassen-Können in Aufschwungkräfte gehört zu den Erfahrungen der wenigsten; das Umzingeltsein von Verhältnissen, die den Horizont verstellen, zu denen der meisten. In historischen Zeiten hat die große Mehrheit der Menschheit Gründe zu glauben, sie gehöre einer Gattung schwer belasteter vermaledeiter Tiere an. Animal laborans – das ist der Gattungsbegriff, der den meisten wie eine schmerzliche Mitwisserschaft in den Knochen steckt. Darum muss für die vielen eine Geschichte von der Menschwerdung des Affen mehr persönlichen Sinn machen als eine von der Menschwerdung Gottes« (»Weltfremdheit«, Frankfurt 1993).

Die Mütter und Väter des Grundgesetzes haben noch gewusst von diesen Aufschwungkräften, von der Notwendigkeit der Ekstase und sie deshalb grundrechtlich verankert, sie regelrecht zur Pflicht gemacht, indem sie schreiben, dass der Sonntag der Erhebung der Seele dienen soll.

Denn EINZIG, wenn der Mensch sich erheben kann, heraustritt aus dem nur Zweckdienlichen und Lebensnotwendigen, also sich in einen ekstatischen Zustand hineinnehmen lässt, vermag er zu sagen: Das Leben ist schön.

Und umgekehrt, wenn ein Mensch nie heraustreten kann aus der Notwendigkeit, noch mehr zu arbeiten, noch mehr zu konsumieren, heißt das implizit: Er bekommt nicht genug! Gerade in der gesetzlichen Verankerung der Sonntagsruhe wird diese menschliche Maßlosigkeit durchaus anerkannt und eine paradoxe Lösung angeboten: die Ekstase! Insofern haben die Mütter und Väter des Grundgesetzes den Menschen in seinen großen Möglichkeiten gesehen. Die gegenwärtigen Bemühungen, die Sonntagsarbeit auszuweiten, reduzieren den Menschen auf etwas Untermenschliches.

Aus diesem aktuellen Verweis mag deutlich werden, dass es bei diesem Thema »Ekstase« oder »Über die Wahrnehmung der Schönheit Gottes« nicht um die Frage von »Schöner Wohnen«, die Frage nach einer geschmackvolleren Inneneinrichtung in dieser Welt geht, sondern vielmehr um die Grundlage überhaupt, noch Mensch sein zu können.

Klassisch ist Schönheit durch zwei Aspekte gekennzeichnet, durch Gestalt/Form und Licht/Glanz. Das Licht drückt sich in der Gestalt auf eine Weise aus, die aller Notwendigkeit enthoben ist. Schönheit entsteht nach diesem Verständnis dort, wo der »goldne Überfluss der Welt« sich in einer Form entsprechenden Ausdruck verschafft.

»Trinkt, o Augen, was die Wimper hält,
von dem gold'nen Überfluss der Welt.«
(Gottfried Keller, »Abendlied«)

Diese Zeilen des Dichters gründen darin, dass die Welt ihr Dasein genau diesem Überfluss verdankt und von innen her davon geprägt ist. Genau dieser Überfluss lässt die gestaltete Welt leuchten. Eine Gestaltung wahrnehmen in ihrer hinreißenden Schönheit kann einen Menschen in die Geistesverfassung versetzen, in der er das Dasein als zweifelsfrei gut erfährt. Wird die Welt, momenthaft, wahrgenommen als gespeist, zuinnerst erfüllt, von diesem glänzenden Überfluss, dann ist die menschlich meist verständliche Frage, ob es nicht besser wäre, wenn NICHTS wäre, in ihrer bleibenden Berechtigung aufgehoben durch ein Übergewicht. Diese Wahrnehmung ist nur möglich in einem Zustand, den wir Ekstase nennen.

»Gott ist schön«: So heißt ein Buch mit dem Untertitel: Über das ästhetische Erleben des Koran (Navid Kermani). Genauer müsste man wohl sagen: Gott ist unfassbar schön!

Einer der zentralen Begriffe, in denen auch im Alten und Neuen Testament von Gott gesprochen wird, ist der der »Herrlichkeit«. Als Erscheinungsform ist die Herrlichkeit Jahwes ein leuchtendes Phänomen, und wer in sie eintritt, wird selber leuchtend.

Im Buch Exodus wird an zwei unterschiedlichen Stellen erzählt, wie Mose die Herrlichkeit Jahwes wahrzunehmen gewährt wird. In dem einen Erzählstrang – Exodus 24 und 33-34 – wird berichtet, wie Jahwe Mose auffordert, mit Aaron, Nadab, Abihu und siebzig von den Ältesten Israels auf den Berg zu steigen. Und alle »sahen den Gott Israels. Unter seinen Füßen war es wie eine Fläche von Saphir und wie der Himmel, wenn er klar ist.« In die Wolke auf dem Berg aber durfte Mose nur allein eintreten, um die Herrlichkeit des Herrn zu sehen. »Und die Herrlichkeit des Herrn war anzusehen wie ein verzehrendes Feuer auf dem Gipfel des Berges. Und Mose ging mitten in die Wolke hinein und blieb auf dem Berg vierzig Tage und vierzig Nächte.«

Im zweiten Text bittet Mose Jahwe ausdrücklich: »Lass mich doch deine Herrlichkeit sehen! Der Herr gab zur Antwort: Ich will meine ganze Schönheit vor dir vorüberziehen lassen und den Namen des Herrn vor dir ausrufen. Ich gewähre Gnade, wem ich will, und ich schenke Erbarmen, wem ich will.

Weiter sprach er: Du kannst mein Angesicht nicht sehen; denn kein Mensch kann mich sehen und am Leben bleiben. Dann sprach der Herr: Hier, diese Stelle da! Stell dich an diesen Felsen! Wenn meine Herrlichkeit vorüberzieht, stelle ich dich in den Felsspalt und halte meine Hand über dich, bis ich vorüber bin. Dann ziehe ich meine Hand zurück, und du wirst meinen Rücken sehen. Mein Angesicht aber kann niemand sehen« (Exodus 33-34).

Es ließe sich eine große Zahl von biblischen Texten anfügen, in denen diese strahlende Herrlichkeit Gottes in sehr verschiedenen Zuständen des Hingerissen-Seins wahrgenommen wird: Verklärung Jesu auf dem Berge Tabor, Paulus vor Damaskus, Johannes auf Patmos. Und immer ist es ein Zustand des Außer-sich-Seins, des räumlichen oder inneren Heraustretens. Wenn es in 1 Thessalonicher 2, 12 heißt, dass Christen zur Herrlichkeit berufen sind, dann kann man das deuten als Aufgabe, die überwältigende göttliche Schönheit wahrnehmen zu lernen, eine Herrlichkeit, die das Hässliche, das aus jeder Ästhetik Ausgeschlossene noch umgreift.

Geht diese Fähigkeit, den Abglanz des Himmels in den Gestalten der Welt wahrzunehmen, verloren oder ist sie gar nicht erst erlernt, so beinhaltet dies einen Verlust an Wirklichkeit, der bei uns zu einer gedämpften Resignation oder semidepressiven Lebenshaltung führt.

In der Philosophie- und Theologiegeschichte bekannt ist die nächtlich-ekstatische Erfahrung des Mathematikers und Philosophen Blaise Pascal (1623–1662). Er hat sie selber aufgezeichnet. Dies »Memorial« fand man nach seinem Tod in seinem Rock eingenäht. Die Art, wie Pascal diese »Gedächtnisworte« behandelte – so oft er sich einen neuen Rock machen ließ, trug er Sorge, das Pergament selbst einzunähen –, sagt uns, dass sie ihm sehr viel bedeutet haben müssen. Sie wurden wenige Tage nach seinem Tod zufällig entdeckt.

Der Text lautet in Auszügen:

»Das Jahr der Gnade 1654. Montag, 23. November. ... Feuer. Gott Abrahams, Gott Isaaks, Gott Jakobs, nicht der Philosophen und Gelehrten. ... Größe der menschlichen Seele. ... Freude, Freude, Freude, Tränen der Freude. ...«

Pascal berichtet von einem Ereignis, nicht von einem ortlosen Gefühl, einer unverbindlichen Einsicht. Er hat im Feuer gestanden, und dies ist nicht allegorisch zu nehmen. In diesem Ereignis vollzieht sich ein Klarwerden in Gewissheit, ein Erfasstwerden von Herrlichkeit. Und mitten in diesem Feuer die Erkenntnis, dass das Menschliche den Charakter der Größe hat.

In ganz anderer Sprache schreibt Martin Buber in »Die Legende des Baalschem« über die Inbrunst der Ekstase: »Ohne sie hat auch der Himmel keinen Sinn und kein Wesen. Wenn ein Mensch die ganze Lehre und alle Gebote erfüllt hat, aber die Wonne und das Entbrennen hat er nicht gehabt: wenn der stirbt und hinübergeht, öffnet man ihm das Paradies, aber weil er in der Welt die Wonne nicht gefühlt hat, fühlt er auch die Wonne des Paradieses nicht.«

Unter Ekstase ist jener Zustand verstanden, in den die entrückende Gewalt des Schönen einen Menschen versetzt und in dem er letztlich der unfassbaren Herrlichkeit Gottes innewird. Wie auch immer sich diese Ekstase äußerlich vollziehen mag, sie ist ein Zustand, in dem ein Mensch, manchmal fast gewaltsam, überwältigt, seine Selbstkontrolle verloren hat. Seine alltagsüblichen Bewältigungsstrategien sind außer Kraft gesetzt. Und indem die konditionierte Haltung zur Welt und ihre Sicht aufgesprengt ist, kann ein Mensch wahrnehmen, wie die Welt, und die Menschen und Dinge in ihr, mit Gott verbunden sind und in sich einen Strahl der göttlichen Herrlichkeit tragen.

Uns modernen Menschen legt sich die Frage nahe: Können wir zumindest etwas Vorbereitendes tun? Es gibt eine innere, psychische Einstellung, eine innere Bereitschaft, die diesen Zustand eher fördert. Einige Elemente davon möchte ich nennen:

Die Bereitschaft, sich erschüttern zu lassen, die Selbstkontrolle aufgeben zu wollen; Überwältigtwerden und Ohnmächtigsein als lebensfördernd zu verstehen. Das

Klären der »Weltanschauung«: Lässt meine Vorstellung von der Größe der Wirklichkeit ein derartig große Erfahrung überhaupt zu?

Da Ekstase als ein Zustand, in dem ein Mensch der Herrlichkeit Gottes innewird, letztlich ein Geschenk ist, ist da nichts zu machen. So grundsätzlich menschlich nichts zu machen ist, besteht zugleich dieselbe Möglichkeit, wie Mose sie hatte: in unglaublichem Frei-Mut und in gläubig-hoffender Zuversicht mit ihm zu bitten: »Lass mich deine Herrlichkeit schauen!«, oder mit dem Psalmisten: »Lass dein Angesicht über mir leuchten.«

Lebe dein Sterben

»Lebe dein Sterben«– so heißt der Titel einer kleinen Schrift des amerikanischen Psychotherapeuten Stanley Keleman. Spontan könnte dieser Satz gerade einem Christen der mittleren Generation als Ausdruck einer lebensfeindlichen Haltung unangenehm aufstoßen und Ablehnung und Abwehr erzeugen. Unter einer Hinsicht hat diese Reaktion auch ihre eigene, nicht zu leugnende Berechtigung: Sterben ist Erschütterung, Zerstörung, Vernichtung, oftmals leid- und qualvoll erlitten.

»Lehre uns bedenken, dass wir sterben müssen, auf dass wir lebenskundig werden.« Dieser Vers aus Psalm 90 scheint dagegen nicht nur einen anderen Aspekt des Sterbens zu kennen, sondern auch ein anderes Verhalten, eine andere Einstellung gegenüber dem bedrohlich zerstörenden Lebensende. Der Psalmbeter bittet darum – in der Sprache moderner Psychotherapie ausgedrückt –, dass es ihm ermöglicht werde, das Problem (Sterben) als Ressource, also als lebensfördernde Herausforderung begreifen zu können.

Inwiefern über das Sterben und den Tod zu reden eine der vernünftigsten Arten über das Leben zu reden (André Malraux) sein kann, mag deutlich werden anhand der Geschichte über das Sterben des Propheten Elija. In dieser alttestamentlichen Erzählung (2 Könige 2) von der »Entrückung« des Propheten Elija wird das Sterben von seinem inneren Geschehen her dargestellt und gedeutet.

An dem Tage, da Gott Elija im Wirbelsturm in den Himmel aufnehmen will, geht Elija mit seinem Schüler und Nachfolger Elischa durch mehrere Orte, an denen sie andere Prophetenjünger treffen, bis an den Jordan. Elija schlägt mit seinem Mantel auf das Wasser, so dass es sich teilt und die beiden hindurchschreiten können. Auf der anderen Seite des Jordan gestattet Elija dem Elischa eine letzte Bitte, deren Erfüllung daran gebunden ist, dass Elischa sieht, wie Elija von ihm weggenommen wird. Elischa bittet daraufhin um zwei Anteile der Geisteskraft des Elija. Weil Elischa wahrzunehmen vermag, dass Elija mit einem feurigen Wagen im Wirbelsturm zum Himmel emporfährt, erhält er die erbetenen zwei Anteile der Geisteskraft seines Herrn und Lehrers.

In dieser Erzählung wird das Sterben als ein Prozess mit einer ungeheuren Eigendynamik und einer eindeutigen, nicht umkehrbaren Richtung beschrieben. Es wird eine Grenze erreicht und überschritten, von der es kein Zurück mit einem Neuanfang mehr gibt.

Von dieser Grenze her, die im Sterben erreicht wird, kann der Satz »Lebe dein Sterben« verstanden werden als Aufforderung: Lebe endlich! Beginne zu leben, denn wenn du nicht bald anfängst zu leben, gibt es kein Leben vor dem Tode mehr, und dann besteht die Lebenstragik nicht darin, zu sterben, sondern darin, nicht gelebt zu haben. Oftmals bedarf es angesichts familiärer und anderer psychischer Lebensverstrickungen einigen Mutes, das Leben zu wünschen und zu wählen. »Ich lege dir heute vor Leben und Tod, wähle das Leben«, heißt es Deuteronomium 30, 19.

Im zweiten Sinn des Satzes »Lebe endlich!« geht es um die Zustimmung zur Begrenzung des Lebens. So verständlich es auch sein mag, wenn der Gedanke an das

Lebensende zu der Phantasie verführt, ein Leben ohne Grenzen wäre ein besseres, erfüllteres Leben – es ist eine Täuschung. So tragisch und grauenhaft das Sterben im Konkreten sein kann, ein Leben ohne Beendigung ist keine heilend-helfende Alternative.

Manchen Menschen verleitet das Wissen um sein Ende resignierend dazu, mit dem Leben gar nicht erst anzufangen, weil ihm das Erleben von Grenzen und der Wunsch nach Erfüllung ein unauflösbarer Widerspruch zu sein scheint. Und es wird nicht – was in der Tat auch sehr mühsam ist – verstanden, dass Erfüllung in einem unendlichen Ausmaß möglich ist, aber nur in der Grenze, die der Mensch wesenhaft ist, und auch nicht vom Menschen selber herstellbar. Es stellt fraglos eine enorme Schwierigkeit dar zu verstehen, dass ein Mensch, wenn er seine Aufgaben in Liebe und vollem Engagement angeht, in seinem begrenzten Tun an den allem einwohnenden und alles unendlich erfüllenden Gott rühren kann. Die Lösung für den manchmal tragisch endenden Konflikt zwischen der Erfahrung unaufhebbarer und schrecklicher Begrenzung und dem Wissen um ein unendliches Leben ist sinnvoll nicht möglich durch Verleugnung oder Überspringen dieser Grenzen, sondern in ihrer Anerkennung, sich selber begrenzt, Gott aber grenzenlos sein zu lassen.

Das Wissen und Ernstnehmen dieser unausweichlichen Grenze lässt keine Lebenshaltung zu, in der man durch eine offen stehende Hintertür aus dem Lebensspiel jederzeit nach Belieben und scheinbar konsequenzlos aussteigen könnte.

Lebe endlich – mit dem Schlusssatz des Ave Maria gesagt: »Jetzt und in der Stunde unseres Todes.« Wer das zusammensehen kann, ist zum Leben bereit. In dieser Zusammenschau wird der Gegenwart nicht noch eine beliebige Möglichkeit offen gehalten. Denn im Sterben kommt das Spiel mit Möglichkeiten an sein (eventuell brutales) Ende. In dem Maße, wie die Gegenwart mit der Stunde des Todes verbunden ist, kann der gegenwärtige Augenblick bedeutungsvoller werden. Denn das jetzt nicht Getane ist endgültig verpasst oder kann nur mit viel größerem Aufwand wieder gutgemacht werden. Dabei gilt es anzuerkennen, dass es etwas völlig Verschiedenes ist, mit den Anforderungen des Lebens Schwierigkeiten zu haben, gar an ihnen – auch aus eigener Schuld – zu scheitern, als ihnen auszuweichen, sich aus dem Leben, und mit welcher Entschuldigung und Ausrede auch immer, herauszuhalten. Indem ein Mensch im Bewusstsein der Lebensgrenzen lebt, sie anerkennt, ja, dafür dankt, tut er zu Lebzeiten schon, womit frühere Generationen das Sterben benannt haben: Er segnet das Zeitliche. Denn da, wo man einer Aufgabe, einem Werk auch eine Grenze setzt und es damit zu Ende bringt, kann man es in einem doppelten Sinn »gut-sein-lassen«. Die zeitlichen Aufgaben mit ganzem Einsatz und Liebe zum Abschluss gebracht, sind gesegnet und schenken Erfüllung und damit schon im irdischen Leben das, was die Theologie anfanghafte Teilnahme am ewigen Leben nennt.

Eines der Schlüsselwörter in der Erzählung von der Entrückung des Propheten Elija ist das »Hinwegnehmen«. Elischa wird die Geisteskraft zugesagt, wenn er das »Wie« dieser Hinwegnahme wahrzunehmen vermag. Was aber muss Elischa wahrnehmen können? Was ist das für ein Geheimnis, für das er bereit sein muss, Mut braucht, es anzuschauen? Elischa bittet um nichts Geringeres als darum, die Grundstruktur, das Grundgeheimnis der Wirklichkeit, der Welt und des menschlichen Lebens geoffenbart zu bekommen. Indem Elischa dieses Sterben in seiner inneren Dynamik begreift, hat er im Tod den kürzesten Inbegriff des Lebens (Kierkegaard) erfasst.

Und Elischa sieht, dass die Hinwegnahme des Elija dessen Aufnahme in den Himmel ist. Weil er mit den Augen des Glaubens wahrnimmt, wie von Gott her über die Menschen und die Welt verfügt ist, weil er sieht, wie Gott von Anfang an und über ihr irdisches Leben hinaus die Menschen liebevoll am Leben hält, weil ihm, christlich gesprochen, dies grundlegende Geheimnis der Schöpfung und Erlösung offenbar wird, werden ihm die zwei Anteile des Geistes des Elija geschenkt. Wenn man die Deutung des Sterbens, wie sie die Erzählung von der Entrückung des Elija anbietet, sachgerecht versteht, dann kann sich bei der Aufforderung »Lebe dein Sterben« die Frage stellen: Welcher Grundstruktur, welchem Bauplan des Lebens muss ich innerlich zustimmen und was im Handeln verwirklichen?

Der Gott, der sich Elija am Berg Horeb in einem sanften Säuseln geoffenbart hatte (1 Könige 19), nimmt ihn zu sich am Lebensende in der Gewalt eines Wirbelsturmes und mit einem feurigen Wagen. Schon vom Lebensanfang hat er aus dieser grundlegenden Verfügung über sein Leben gelebt. Im Wissen um diese letztendliche Abhängigkeit und Ohnmacht zu leben, erfordert vom Menschen mit seinem Willen zur Macht einen Mut und eine Tapferkeit, die er nicht von sich aus leisten kann. Nur dem Resignativen oder im Leben Verzagten, der keinen eigenen Lebenswillen hat entwickeln können, mag das Hinnehmen dieser Abhängigkeit und Ohnmacht als etwas Leichtes erscheinen. Dass es dazu der Stärkung durch einen Engel bedarf, hat Elija im Zustand tiefer Mutlosigkeit und Depression erfahren müssen. Und von vielen Heiligen und Mystikern ist überliefert, dass sie aus menschlicher Kraft die Nacht der absoluten Verfügung Gottes nicht durchzustehen vermocht hätten.

In der gläubigen Zustimmung zu dieser Ohnmacht, also dazu, dass über das Leben mit seinem Anfang und seinem Ende verfügt ist; dazu, dass das irdische Leben trotz allen Leids ein Geschenk des wohlmeinenden Gottes ist und trotz aller augenscheinlichen Vernichtung erhalten bleibt, erhält ein Mensch im Diesseits und im Jenseits das Geschenk ewigen Lebens.

Im Sterben bleibt Elija von Gott her, wie vorher im Leben, getragen und erhalten. Der Prophet hat in seinem irdischen Dasein entschieden aus der Macht gelebt, von der er sein Leben empfangen hatte. Und wie er Gott in seinem Leben seinen Schöpfer sein ließ, so wurde dieser im Sterben zu seinem Erlöser. Selbst im Sterben und Tod wird er, unvorstellbar, von Gott her in einem Raum der Unversehrtheit erhalten.

Elischa war bereit, die Stationen des Sterbens mit seinem Lehrer mitzugehen: Dreimal äußert er seine Entschlossenheit, Elija im Sterben nicht allein zu lassen.

Und er war so mutig, um den Geist und damit um das Geschenk des Glaubens zu bitten. Aufgrund dieses Wagnisses, etwas Schweres zu erbitten, wurde er sehend.

In dem Bericht von der Todesstunde Jesu, als er rief: »Eloi, Eloi, lema sabachtani? Mein Gott, mein Gott, warum hast du mich verlassen?«, heißt es: »Einige von denen, die dabeistanden und es hörten, sagten: Hört, er ruft Elija« (Markus 15, 34). Auch wenn das Sterben des Elija und der Tod Jesu nicht ohne weiteres vergleichbar sind, so stellen doch die Umstehenden beziehungsweise der Evangelist Markus einen Zusammenhang her: Jesus gibt seinen Geist in die Hände des Vaters in der Hoffnung, dass er ihn aufnimmt, wie er Elija in den Himmel aufgenommen hat.

»Lebe dein Sterben« kann also heißen, schon im irdischen Leben aus der Wahrheit und Wirklichkeit zu leben, die sich im Sterben des Propheten Elija und Jesu vollzieht. Dies kann aus eigenem Vermögen nicht geschehen, aber wir können wie Nikolaus von Flüe beten:

»Mein Herr und mein Gott, nimm alles von mir, was mich hindert zu dir. Mein Herr und mein Gott, gib alles mir, was mich führt zu dir. Mein Herr und mein Gott, nimm mich mir und gib mich ganz zu eigen dir.«

Lobgesänge in der Nacht

In den Tagebuchaufzeichnungen des britischen Religionspädagogen John M. Hull »Im Dunkeln sehen – Erfahrungen eines Blinden« (London 1990) steht der bemerkenswerte Eintrag: »Der verwandelnden Kraft wird man nicht durch Akzeptieren, sondern durch das Lob Gottes teilhaftig.« Dieser Satz ist geschrieben von einem Mann, der im Alter von 48 Jahren in die endgültige Nacht der Blindheit gestürzt wurde. Er schreibt darüber ein wenig später: »Es kommt nicht darauf an, dass ich blind bin, sondern, dass ich gekannt und bei der Hand geführt werde und dass mein Leben, ob als Sehender oder als Blinder, voller Lob ist.«

Der Autor begründet diese Aussage nicht weiter und scheint bei den Lesern vorauszusetzen, dass diese wissen, was mit dem Gotteslob gemeint sei. Aber schon Theologen des 15. Jahrhunderts beklagten das Fehlen der »scientia laudis«, der Wissenschaft des Lobes unter den theologischen Fächern. Wenn es aus der Erfahrung Hulls entscheidender ist im Leben, dass es voller Lob ist, als sehen zu können oder blind zu sein, dann scheint Lob, Gotteslob, etwas Grundlegenderes zu meinen als ein lautstarkes »Großer Gott, wir loben dich« oder ein »Freude, schöner Götterfunke«. Es scheint wohl eher um die Frage von Sein oder Nichtsein zu gehen.

»Gott, mein Schöpfer, der du Lobgesänge schenkst in der Nacht«, dieser poetische Vers steht im Buch Hiob 35, 10. In dieser widersprüchlichen Formulierung ist mitgesagt, dass der Lobgesang nicht nur dann möglich ist, wenn der Himmel hell und alles Leid schon aufgehoben sind.

Worin besteht nun dieses Gottesgeschenk, das darüber entscheidet, ob ein Leben schon hier gespeist wird aus einem Bezirk innersten Gutseins, geprägt ist von einer unzerstörbaren Heilkraft inmitten des »Wütens der ganzen Welt« und sich aufgrund dessen schon hier erfüllt? Sicherlich bedarf das Lob und der Lobgesang, der Hymnus, in besonderen Lebenssituationen einer entsprechenden ästhetisch schönen Gestalt, damit das alltägliche Leben nicht ausdrucksarm wird. Und man kann fragen, ob ein Mangel an gestalteten Ausdrucksmöglichkeiten unserer Aufschwungkräfte uns gegenwärtig nicht eher in unseren Schwerkrafttendenzen fördert. Doch selbst, wenn es diesen ausdrücklich kunstvoll gestalteten Lobgesang in einem Leben nicht mehr geben mag, so vielleicht doch die Haltung, die diesem Ausdruck zugrunde liegt. Lob, Lobgesang – wie auch immer gestaltet und ausgedrückt – ist in seinem Kern ein Bejahen, eine Zustimmung zur Welt, wie sie ist, zum eigenen Leben und zu deren Schöpfer.

Ist das allen Ausdrucksformen der Lebensfreude gemeinsame Element die Zustimmung, die Bejahung, so fügt der Vers aus dem Buche Hiob in seiner Formulierung von den Lobgesängen, die zu Zeiten der Nacht geschenkt werden, etwas hinzu, das sich einem verharmlosenden Gerede von Gotteslob entgegenstellt. Bei diesem Geschenk handelt es sich um die Ermöglichung zur Bejahung angesichts und im Bewusstsein der Nacht. Selbst da, wo die Nacht lichthell ist (Psalm 139, 12), da sich in ihr das überwältigende Kommen Gottes vollzieht, bleibt sie ein, wie Johannes vom Kreuz lehrt, nur mit göttlichem Beistand zu tragender Schmerz.

Deshalb erfordert das Loben, die Bejahung, mag sie noch so unbeschwert wirken, den Einsatz der ganzen Person, wenn es lebenserfüllend wirken soll. Manchmal wird diese verwandelnde Kraft wahrnehmbar, wenn man einem Menschen begegnet, der selbst da, wo er es schwer hat, dieses Lob in Form einer ganz wortlos und doch spürbaren Zustimmung, eines Einverständnisses vollbringt.

Von dem spanischen Maler Salvador Dalí stammt das Wort: »Man muss ›Ja‹ zu seinem Leben sagen. Die meisten Menschen sagen: ›Ja, aber.‹« Diese Verknüpfung einer Zustimmung mit einem Einwand, des »Ja« mit dem »Aber« höhlt die Lebenskraft eines Menschen schleichend aus, da er nichts uneingeschränkt gelten lässt, nichts in den Grenzen des Menschenmöglichen gut sein lässt. Im »Ja, aber« fehlen der ganze Mut zur Anerkennung und die ganze Kraft zur Weigerung und Ablehnung. Es fehlt die Bereitschaft, wie Hiob sich zu erheben, um mit der ganzen Person »Nein« zu sagen. Meistens wird bei Christen ein anderer Vers aus dem Buch Hiob zitiert: »Der Herr hat gegeben, der Herr hat genommen, der Name des Herrn sei gepriesen« (1, 21). Und es wird leichthin verleugnet, dass Hiob sich in seinem Leid gegen Gott erhoben hat. Die ganze Kraft demütiger Anerkennung stammt – auch bei Hiob – aus dem ungeheuren Mut des Protestes gegen Gott. Hiob sagt eindeutig »Nein« angesichts seines furchtbaren Schicksals. Und was sollte er als Mensch auch anderes sagen? Er sagt es in einer Entschiedenheit, in der er sein Leben rettet. Die Möglichkeit zur Zustimmung erhält oftmals ihre Kraft aus dem Mut und der Fähigkeit zur bewussten Ablehnung und nicht aus der Beschwichtigung. In der Verweigerung, der Verneinung, der Revolte besteht oft die einzige Überlebenschance angesichts eines anders nicht zu bewältigenden Lebensschicksals.

Hiob wird mit seinem Wunsch, besser nicht geboren zu sein, mit seinem Nein zu diesem Lebensanfang nicht Recht gegeben, aber er wird von Gott darin bestätigt, dass seine Haltung des Protestes wirklichkeitsgerecht ist.

Salvador Dalí versteht das Ja-Sagen als ein »Muss«, als verpflichtende Notwendigkeit. Und darin stimmt er mit der Lebensauffassung der alttestamentlich Glaubenden überein. Für den Israeliten bestand eine Verpflichtung zum Gotteslob. Es war eine Aufgabe, die das Gottesvolk ein Leben lang zu leisten hatte. Diese folgt nicht aus einer moralischen Einstellung, sondern aus seinem gläubigen Verständnis des Lebens, aus dem sich der Vollzug des Gotteslobes naturgemäß ergab. Die Welt, mit dem Herzen wahrgenommen als Schöpfung, nötigt zum Lobpreis. Das aus der gläubigen Weltanschauung gewonnene große Weltbild erfordert vom Menschen auch eine große Antwort. Weil der alttestamentarische Mensch von der Welt und seinem Leben in Demut eine große Auffassung hatte, nötigte und befähigte ihn dies zu einer großen Lebensgeste. In ihr hatte wohl die Klage Raum, nicht aber die Trägheit des Herzens, die Acedia, eine der Hauptsünden in späterem Denken, im modernen Verständnis die Depression.

In der Gott lobenden Gutheißung des eigenen Lebens geht ein Mensch über das hinaus, was Romano Guardini

als »Die Annahme seiner selbst« (1960) beschreibt und worüber der Philosoph Peter Sloterdijk in einem Essay mit der Überschrift »Was heißt: sich übernehmen? Versuch über die Bejahung« (1993) nachdenkt. Sicherlich ist in vielen Lebenszusammenhängen die in Tapferkeit durchgehaltene Annahme schon das einzig Mögliche. Dennoch ist sie zumeist eine Zustimmung mit einem Vorbehalt, einem Einwand, ein »in Gottes Namen«, also der Not gehorchend, dem das Moment von Bedingungslosigkeit fehlt. Im Gotteslob dagegen wird eine bedingungslose Zustimmung vollzogen. Es ist ein Akt äußerster Demut, in dem ein Mensch sich nicht mehr zutraut oder anmaßt, beurteilen zu können, was richtig ist und was falsch, wie die Wirklichkeit »eigentlich« und richtig sein müsste. Denn es ist etwas ganz anderes, die Wirklichkeit als furchtbar und schmerzlich zu erfahren, als sie nach Gut und Böse, Richtig und Falsch zu beurteilen.

»Der Lobpreis wird zum elementarsten Merkmal der Lebendigkeit schlechthin«, formuliert Gerhard von Rad in seiner »Theologie des Alten Testaments«. Dieser Satz in seiner Zuspitzung wird verständlich, wenn das Lob von seinem Grundelement der Bejahung her verstanden wird. Als Menschen haben wir nicht über unseren Lebensanfang verfügt. Es ist uns aber in unsere Freiheit gegeben, durch unser uneingeschränktes Ja das eigene Dasein zu intensivieren oder es durch ein Nein zu schwächen, der völligen Lebensverwirklichung Widerstand entgegenzusetzen.

Die Möglichkeiten, das volle Dasein zu verweigern, sich der göttlich-schöpferischen Lebensdynamik zu versagen, sind vielfältig und oft subtil. Bewusst werden sie oft mit scheinbar guten Gründen vollzogen. Die Wirkung ist fast immer eine fortdauernde Unterhöhlung der geistigen Lebenskraft.

In einer Erlebnisgesellschaft, die Sensation mit Intensität gleichsetzt, mag die Schlussfolgerung problematisch, aber dennoch richtig sein: Lobgesang, existenziell und nicht nur als besondere Gebetsform verstanden und vollzogen, meint ein intensives Leben, ein Sich-Überlassen der großen Dynamik des Lebens hier in dieser Welt, eine begeisterungsfähige Teilnahme an der Welt mit ihren Geschehnissen. Er meint eine Offenheit des Herzens, die sich hinreißen lässt von der Schönheit und erschüttern vom Leid. Lobgesang in diesem Sinne kann dann heißen, nichts auszulassen und auszuschließen von dem, was das Leben bietet und fordert; einen Mut entwickeln, in dem das Leben mit seinem Risiko gewagt wird, auch um den Preis des Scheiterns, statt in einer ängstlichen Enttäuschungsvermeidungsstrategie sich des Lebens zu enthalten; ein Ergreifen des Lebens und der Welt aus einem gut gesonnenen, lebendigen Herzen. In seiner alles bejahenden Einstellung kann ein Mensch die Welt, wie sie sich ihm darbietet, uneingeschränkt ergreifen und sich an ihr freuen, sie genießen. Und der Lobende wird seinen Lobgesang auf die Schöpfung bewahrheiten in seinem Einsatz für diese Welt. Eine Frage zur alltäglichen Selbstreflexion könnte lauten: Habe ich heute intensiv gelebt?

Gott durch das eigene Dasein zu loben, dazu fordern die Psalmen »alles, was Odem hat«, auf. Bei aller Verpflichtung zum Gotteslob ist dies aber nicht vorrangig eine Eigenleistung, sondern Geschenk, weil das eigene Dasein so gedeutet wird. In vielen persönlichen Situationen kann kaum glaubhaft nachvollzogen werden, dass das eigene Dasein in sich ein Lobgesang Gottes sein soll, dass in der konkreten Existenz als solcher dieser Lobgesang geschenkt sein soll. In einer chassidischen Geschichte wird erzählt, worin in einer Notsituation, in der dieser Ton nicht gefunden werden kann, die mitmenschliche Hilfe besteht. »Wenn ein Mensch singt und kann seine Stimme nicht erheben, und einer kommt, ihm zu helfen, und hebt an zu singen, dann kann auch jener wieder die Stimme erheben. Und das ist das Geheimnis der Verbindung« (Martin Buber, »Die Legende des Baalschem«). Was aber in dieser besonderen Situation vonnöten ist, gilt, in einer grundsätzlichen Weise für das Leben: So sehr dieses als solches von Gott her verstanden, in sich Lobgesang ist, bedarf es der Eltern, die dem Kind den Freudenton über sein Dasein immer wieder vorsingen. So ist der eigene Gesang im späteren Leben »nur« ein gehörter und nachgesungener, ein verinnerlichter. Später singen Liebende ihn einander. Und zeitlebens bleibt die Notwendigkeit bestehen, die Gutheißung des eigenen Daseins durch einen anderen Menschen zu erfahren, soll das Leben nicht verkümmern.

Zahllose Menschen haben von früh an diesen guten Klang nicht im Ohr, sondern einen Misston, der zerstörerisch wirken kann, vergleichbar einem Tinnitus. Solchen Menschen müsste nachträglich ein »Geburtstagslied« angestimmt werden. Selbst wenn es diese aus der geheimnisvollen Verbundenheit erbrachte »Vorleistung« gibt, ist bei einem Menschen, der aufgrund seines Lebensschicksals schwer belastet ist oder gar zerstört, kaum zu erwarten, dass er zu einem lebensbejahenden Ton findet. Da die Umgebung in der Tonvorgabe menschlich oft überfordert ist, setzt sich der dissonante Anfangston im Wiederholungszwang tragisch fort.

»Gott, mein Schöpfer, der du Lobgesänge schenkst in der Nacht.« – Diese Nacht will oftmals bis in ihre Mitte durchgestanden sein in der Tapferkeit, die nur als Geschenk des Geistes Gottes möglich ist, bis der Lobgesang geschenkt wird und innere und äußere Gefängnistüren sich öffnen, wie es in Apostelgeschichte 16 von Paulus und Silas berichtet wird. Diese Zeit vor Mitternacht ist zumeist nur auszufüllen und darin aushaltbar mit dem Schrei des Gebets. So heißt es in Psalm 40: »Ich hoffte, ja ich hoffte auf den Herrn. Da neigte er sich mir zu und hörte mein Schreien. Er legte mir ein neues Lied in den Mund, einen Lobgesang auf ihn, unsern Gott.«

Dieser Lobgesang ist ein Gnadengeschenk Gottes. Oft bleibt das Schicksal unerklärbar, das einem Menschen zu Lebzeiten diesen Lobgesang und damit die Zustimmung zu seinem Leben und die Aussöhnung mit ihm verwehrt. Und es ist schmerzlich, dies mitzuerleben. So sehr man sich hoffend, betend, handelnd dafür einsetzen kann, dass einem Menschen und einem selbst in diesem irdischen Leben hier schon Lobgesang geschenkt wird, so bleibt es oftmals nur zu glauben und zu hoffen, dass diesem Menschen, uns entzogen, in der Nacht des Todes von seinem Gott und Schöpfer der Lobgesang der ewigen Herrlichkeit geschenkt wird.

Danach befragt, ob es eine Anleitung zur Einübung in diesen Vollzug geben könne, wird man wohl auf etwas ganz Einfaches und Unscheinbares verweisen können:

Die Gutheißung, die den Dingen dieser Welt zu Beginn mitgegeben worden ist, lässt sich zusammenfassen in dem kurzen Schlüsselwort: »Ja.« Deshalb kann es am Beginn dieser Einübung stehen. Indem einer, vielleicht regelmäßig morgens, unterwegs, dieses »Ja, Amen. Ja, so ist es, und es ist gut, dass es ist; ich erkläre mich einverstanden, dass ich lebe!« in seinem Herzen bewegt und mit ihm an den gemeinsamen heilen Grund aller Dinge rührt, kann er die Wandlung von innen heraus vorbereiten. Für einen so einfachen, schlichten Anfang mag es hilfreich sein zu wissen, dass Franz von Assisi in sein großes Lobgebet, den »Sonnengesang«, erst nach einigen Wochen des Schweigens in die Endfassung einen Satz eingefügt hat: »Gelobt seist du, Herr, für unseren Bruder, den Tod.«

Wenn der Lobgesang nicht möglich ist, kann er erbeten werden. Der Heilige Geist kann gebeten, angefleht werden, in der Mitte des Lebens, im Herzen, seinen Gesang anzustimmen. In dieser Bitte richtet sich die Aufmerksamkeit – psychologisch gedacht – weg von den Lebensdefiziten, hin zu den lebensfördernden Kräften. In diesem bittenden Vorgriff verbindet ein Mensch sich mit der »oberen Welt«, dem Lobgesang der Erlösten und Vollendeten; er lässt sein Leben schon hier an der künftigen Erfüllung ausgerichtet sein.

Dieser Lobgesang auf das Leben in seiner Alltäglichkeit kann sakramental-zeichenhaft vollzogen werden, wo sich eine Hand öffnet, den Leib Christi in der Gestalt von Brot zu empfangen, und in dieser Gestalt die ganze zusammengefasste und verwandelte irdische Lebenswirklichkeit Jesu; und wo dieser Empfang bestätigt wird, leise, aber ausdrücklich, mit eben diesem »Ja, Amen«, geschieht alltäglicher Lobgesang und damit anfängliche Teilnahme am himmlischen Leben.

Stille Nacht erschüttert

»Der Tag, an dem ein Übermaß an Wirklichkeit auf uns einstürzte«, so charakterisiert die amerikanische Schriftstellerin Susan Sontag die Ereignisse des 11. September 2001 in einem Zeitschriftenbeitrag.

Das Hereinstürzen einer letztlich unvorstellbaren Wirklichkeit hat bewirkt, dass die Welt nicht mehr dieselbe ist wie vorher. Dieser Einbruch an Wirklichkeit hat die Welt erschüttert, nicht nur wegen der Opfer. Denn es wurde möglich, was man letztlich nicht für möglich gehalten hat. Seit dem 11. September 2001 wissen wir wieder, was das ist, ein weltbewegendes Ereignis: Wenn die Wirklichkeit im Übermaß auf uns einstürzt, so dass alle beruhigend wirkenden Bewältigungsstrategien unseres Alltags wirkungslos bleiben. Und es ist nicht nur unser menschliches Fassungsvermögen in Bezug auf dieses Übermaß an Wirklichkeit überfordert, auch unsere ausgedachten Ordnungsvorstellungen von der Welt sind damit zerbrochen.

In seiner Meditation aus dem Jahr 1977 »Was Weihnachten bedeutet« über die lukanische Weihnachtserzählung schrieb der Bibelwissenschaftler Anton Vögtle: »Das Evangelium zieht die höchsten Register, um die einmalige, die Menschheit wendende Bedeutung der Geburt des Retters zu markieren.« Seit diesem Wendepunkt gibt es ein zeitliches Vorher und ein Nachher, ein »ante« und ein »post Christum natum«.

So problematisch es erscheinen kann, zwei nicht nur zeitlich weit auseinander liegende weltgeschichtliche Ereignisse zueinander zu stellen, sondern einen Verständniszugang zu einem Heilsereignis von einer Katastrophe her nehmen zu wollen, so haben sie doch, wie Susan Sontag fast hellsichtig formuliert, eine Gemeinsamkeit. »Was Weihnachten bedeutet?«: Das Hereinstürzen eines Übermaßes an – göttlicher – Wirklichkeit in die Welt. Ein Ereignis, das in uns harmlos-idyllisch erscheinenden Bildern vermittelt wird und unter anderem deshalb zu der Schlussfolgerung verführt, damit sei das ganze Ereignis in seiner Wirkung erfasst. Diese freundlichen Bilder haben insofern ihre eigene Berechtigung, als es sich nicht um ein Hereinbrechen zerstörerischer Macht handelt, sondern um ein Übermaß an Liebe. Doch trotzdem ist auch da, wo die Zumutung dieses Ereignisses nicht abgewehrt, sondern angenommen wird, oft ihre erste Wirkung gleichfalls eine tief greifende Erschütterung. Dass diese sich ganz im Stillen und sehr subtil zutragen kann, liegt darin begründet, dass sie sich auf einer eigenen Ebene der Wirklichkeit ereignet. So wie die Wahrheit der nachösterlich verfassten Geburtserzählung auch nicht in den historischen Einzelfakten besteht.

Von der Psychopathologie, der Lehre von den seelischen Krankheiten, mit ihrer Darstellung bizarrer Lebensformen wissen wir, auf welch dunklen Abgründen unser durchschnittlich-normales Leben aufruht und welchen Gefährdungen und Erschütterungen des personalen Strukturgefüges es ausgeliefert ist, wenn die Grenzen zu den Abgründen nicht stabil sind. Wie sehr die alltäglichen Funktionsabläufe auch unabhängig von einer Krankheit erschüttert werden können, wenn die Abgrundkräfte gewaltsam in diese Alltagsnormalität einbrechen, ist mit dem 11. September 2001 erneut bewusst geworden. Dass ein Mensch in solchen Zusammenhängen in seinem Grundgefüge bewegt, erschüttert wird, ist uns »Normalen« zumeist fraglos nachvollziehbar. Die Einseitigkeit und Harmlosigkeit unserer Vorstellung von der Wirklichkeit lässt aber kaum eine Ahnung aufkommen von den Himmeln und blendend hellen Abgründen unseres Daseins, und die Harmlosigkeit des durchschnittlichen Gottesbildes lässt noch viel weniger glauben und vermuten, dass, bricht die abgründige Wirklichkeit Gottes in das Leben eines Menschen ein, dies eine vergleichbare Erschütterung bedeutet wie der Einbruch des Schreckens in einem Übermaß.

Die Geburt Gottes in der Seele nennt die deutsche Mystik dieses Ereignis, in dem das Übermaß an göttlicher Wirklichkeit auf den Menschen einstürzt. Der Mystiker Johannes Tauler (gestorben 1361) weist in seinen Predigten ausdrücklich darauf hin, welche inneren Erschütterungen dem Kommen Gottes vorausgehen. Wenn Gott kommt in einem milden, sanften Raunen, »was glaubt ihr wohl, was dann geschehen werde«, fragt Tauler und gibt zur Antwort: »Wisset: erhielte Gott die Natur (des Menschen) nicht in übernatürlicher Weise, so könnte ein Mensch, und hätte er auch die hundertfache Kraft, aus eigener Kraft solch eine Freude, so Wunderbares nicht ertragen. Und doch dauert das nur einen Augenblick.« Die Geburt Gottes in der Seele ist ein Ereignis, das jegliches Maß überschreitet, über alle Sinne geht. Und alle Kräfte und alles Verständnis verlieren sich in unergründlicher Tiefe. Den Berichten derer zufolge, die diese Geburt Gottes in ihrer Seele erfahren haben, hat diese oft ein Moment tief greifender Erschütterung.

Ein Verlust an Selbstmächtigkeit, ein Außer-sich-Geraten, ein ekstatischer Zustand lässt keine vom Menschen her geordnete Antwort auf diese Erfahrung überwältigender göttlicher Wirklichkeit zu.

Der Philosoph Josef Pieper (1904–1997) schreibt in seiner Auslegung des platonischen Dialogs »Phaidros« (mit dem Titel »Begeisterung und göttlicher Wahnsinn«): »Es gehört zum Menschen als einem leib-seelischen Wesen, dass er fähig sei, erschüttert und hingerissen zu werden. Die Leidenschaften kann man nicht zum Verstummen bringen, ohne in die Unmenschlichkeit zu geraten.« Doch kann man durchschnittlicherweise sich bemühen, diese existenziellen Erschütterungen zu vermeiden, weil sie dem Programm einer erfolgreichen Lebensführung als oberstem Wertmaßstab zuwiderlaufen, bei gleichzeitiger Praktizierung von dosierbaren Räuschen und Erschütterungen. Und der Philosoph formuliert weiter, dass gerade in dem Verlust an Selbstmächtigkeit, ihrer Aufhebung durch den Einbruch einer höheren Macht, eine anders gar nicht erreichbare Erfüllung zuteil wird. »Trotzdem ist der Mensch nicht immer geneigt gewesen, den Verlust an selbsthafter Autarkie als einen Gewinn zu verstehen.« Dies ist wiederum psychologisch sehr verständlich, weil sich das Ich in seiner Souveränität, auch wenn es sich um das Übermaß an Liebe handelt, die hereinstürzt, zuerst bedroht fühlen wird.

So ist die Wirklichkeit nicht nur in ihrer Negativform eine Zumutung für den Menschen, sondern ebenso dort, wo sie als übermenschliches, überwältigendes Glück erlebt wird. Dies ist zumindest einhellige Aussage derer, die aus eigener Erfahrung darum wissen.

Weihnachten, das Kommen Gottes in die Welt, wo es sich existenziell vollzieht, ist ein Hereinstürzen eines Übermaßes an Wirklichkeit. Die christliche Tradition weiß dort, wo sie nicht verharmlosend vom Menschen denkt, dass die durch dieses Übermaß an Gnade bewirkte Entrückung des Menschen aus seiner Egozentrik ein Moment der Gewaltsamkeit haben kann. Dies wird deutlich in dem für dieses Geschehen verwendeten Fachterminus »Raptus«, »Entrückung«. In ihm schwingt die Vorstellung des Raubes mit, davon also, dass ein Mensch seiner Eigenmächtigkeit, seiner Selbstkontrolle, seiner Sinne beraubt wird, wenn Gott mit seiner unermesslichen Wirklichkeit in der Seele geboren wird. In diesem Zusammenhang versagen alle alltagstauglichen Deutungs- und Verhaltensmuster. Wie Paulus vor Damaskus stürzt der Mensch zu Boden nieder, wo Gott in seinem eigenen Maß dem Menschen gegenübertritt.

Und aus dieser Erfahrung weiß er zu schreiben: »Kein Auge hat gesehen und kein Ohr gehört, keinem Menschen ist in den Sinn gekommen: das Große, das Gott denen bereitet hat, die ihn lieben« (1 Korinther 2, 9).

Natürlich sind dies nur kurze Momente im Leben eines Menschen. Doch sie haben ein Vorher und ein Nachher zur Folge. Alles, was wir davon in kleineren Maßeinheiten erhalten, nährt sich aus diesem Grund und macht die Beziehung wie die Disproportionalität von Gott und Welt deutlich. Die alljährliche Festfreude in ihren vielen Gestaltungen leitet ihre Rechtfertigung angesichts der tatsächlichen Weltverhältnisse ab aus diesem Übermaß Gottes, für das sich der Glaubende in Hoffnung aufschließt. Die Bilder von der Erschütterbarkeit unseres so sicher geglaubten Weltgebäudes verlangen für einen Glauben, der lebenstragend sein will, tiefe, wirkungsvolle Bilder und Vorstellungen von Gott und vom Kommen des Erlösers der Welt. Diese können ein Bewusstsein fördern für die abgründigen Dimensionen dieses weltbewegenden Ereignisses.

Wenn ein Mensch sich angesichts von unermesslicher Wirklichkeit als klein erlebt, so ist seine Wahrnehmung sehr wirklichkeitsgerecht. Die Demut wird daher von allen Mystikern als Grundhaltung angefordert, damit Gott in der Seele geboren werden könne.

»Stille Nacht, heilige Nacht« heißt eines der bekanntesten deutschen Weihnachtslieder. In seinem anrührenden Ton werden wir nicht gewahr, dass auch in einer stillen Nacht Wirklichkeit in einem Übermaß auf uns einstürzen kann. Eine stille Nacht, in der nichts zu sehen und zu hören ist, sie bewirkt oftmals eine Erschütterung, die auszuhalten Mut erfordert und der wir eher auszuweichen versuchen. In dieser stillen Nacht sich der verstörenden Erfahrung des Nichts nicht zu verschließen, kann dazu führen, dass sie sich in eine heilige Nacht verwandelt, in der wir Menschen mit einem Übermaß an Wirklichkeit erfüllt werden, und somit Grund genug haben, ein Fest zu feiern. Wo einer diese mutige Bereitschaft, sich erschüttern zu lassen durch das Kommen des Erlösers, wagt und so aufnahmefähig wird für die anders gar nicht erreichbare Erfüllung mit ewigem Leben, da kann aus dem Abgrund unermesslicher göttlicher Wirklichkeit in seinem Herzen der Jubelruf: »Gloria in excelsis Deo!« aufsteigen.

Zeit des Erwachens

Zwischen 1916 und 1927 grassierte weltweit eine Epidemie der so genannten Schlafkrankheit (encephalitis lethargica), eine schwere Gehirnerkrankung, die neben fast fünf Millionen Toten unzählige schwer geschädigte Menschen hinterließ. Der Neuropsychologe Oliver Sacks stieß 1966 in einem Krankenhaus bei New York auf Überlebende dieser Epidemie, die völlig apathisch, in einer geheimnisvollen Starre gefangen, vor sich hin vegetierten. Zu dieser Zeit begann man, ein neues Medikament recht erfolgreich bei Parkinson-Patienten einzusetzen, deren Gehirnfunktionen in ähnlicher Weise wie bei den Opfern der Schlafkrankheit gestört sind. Dopamin (L-Dopa), ein »Neurotransmitter«, eine chemische Verbindung, mit deren Hilfe die Gehirnzellen untereinander wieder kommunizieren können. Oliver Sacks behandelte daraufhin 1969 auch seine »postencephalitischen« Patienten mit L-Dopa; die Wirkung des Medikaments ist überwältigend – jahrzehntelang »erstarrte Menschen erwachen plötzlich wieder zum Leben«. So beginnt das Buch »Awakenings – Zeit des Erwachens« von Oliver Sacks aus dem Jahre 1973. Erschütternd sind die im Buch beschriebenen Lebensgeschichten sowie ihre wahrheitsgetreue Darstellung mit Robert de Niro und Robin Williams in dem gleichnamigen Film von 1989. Aufregend ist, wie Sacks als genau beobachtender Neurologe vor dem Hintergrund dieser hirnorganischen Erkrankung über die Behandlung der Patienten schreibt, so dass die ganze Problematik menschlichen Daseins deutlich wird. Indem Sacks das Erleben und Verhalten von Kranken jenseits der Grenzen normaler Erfahrung sowie ihre Behandlung beobachtet, kommt er zu Einsichten, die gültig und anregend sind für Menschen in ihrer alltäglichen, fast natürlichen Schlafkrankheit. Es wird deutlich, wessen ein Mensch bedarf, um aus seinem fast naturhaften Dämmerzustand ins erfüllte Dasein zu erwachen.

Der Zustand des pathologischen Schlafes ist gekennzeichnet durch eine körperliche Erstarrung, Verlust der Kontrolle über die Bewegungsimpulse, Sprachunfähigkeit, der Bewusstseinsgerinnung und Geschichtslosigkeit. In ihrer Aufmerksamkeit sind diese Menschen krankheitsbedingt von der Welt ab- und zwangartig nach innen gewandt. Sie leben in einer unvorstellbaren Einsamkeit, und hinter der Fassade des Gleichmuts verbirgt sich oft grimmige und ohnmächtige Wut.

Und dann geschieht im Frühjahr 1969 durch die Verabreichung von L-DOPA das explosionsartige »Erwachen«. Indem diesen Menschen die im Gehirn fehlende Substanz zugeführt wird, finden sie wieder ins Leben. Nach Jahrzehnten des Dahinvegetierens kehren sie ins Dasein zurück. Oliver Sacks schreibt: »Das Erwachen besteht aus einer Veränderung des Bewusstseins, der gesamten Beziehung zum eigenen Selbst und zur Welt. Erwachen ist im Grunde genommen die Umkehrung der pathologischen Introvertiertheit. Der Patient hört auf, die Anwesenheit von Krankheit und die Abwesenheit der Welt zu spüren. Der erwachte Patient wendet sich der Welt zu und wird nicht länger von seiner Krankheit beherrscht. Er begegnet der Welt mit eifriger und enthusiastischer Aufmerksamkeit, mit liebevollem, freudigem und naivem Interesse. Die Welt wird wieder wundervoll lebendig. Er verliebt sich in die Wirklichkeit und fühlt sich eins mit der Welt.« Einige Seiten weiter formuliert Sacks: »Erwachen zeichnet sich durch vollständige Befriedigung aus, durch völlige Erfüllung der Bedürfnisse des Organismus. Zu diesem Zeitpunkt sagt der Patient: ›Ich habe, was ich brauche, ich brauche nichts mehr, ich habe genug, alles ist gut.‹ Auf die Frage, wie viel eines Medikaments gegeben werden sollte, kann es nur eine Antwort geben: GENUG! Aber leider, leider dauert dieses Glück des »Genug« niemals an. Nach einer gewissen Zeit geht es verloren, und von da an gibt es nie mehr eine zutreffende Dosierung, das »Genug« wird durch Zuwenig und Zuviel ersetzt. Oder anders, die Dosis, die »genug« wäre, bleibt unbekannt.

Für eine kurze Zeit genoss der L-DOPA-Patient eine Vollkommenheit des Daseins. Dann begann für die meisten Patienten das, was Sacks »Heimsuchung« nennt. L-DOPA wirkte nicht mehr in der erwünschten Weise, Nebenwirkungen stellten sich ein, die z. T. schlimmer waren als der Zustand zuvor. Oft war ein Absetzen des Medikaments notwendig. Erstes Anzeichen für eine Krise war bei den Patienten ihre Maßlosigkeit. »Unbefriedigte Bedürfnisse und unstillbare Gier bestimmten letztlich die Haltung aller L-DOPA-Patienten.« Aus den Reaktionen auf die fortgesetzte Behandlung mit L-DOPA wurde sichtbar, dass die Patienten außer ihrem Bedürfnis nach dem Medikament L-DOPA noch andere Bedürfnisse haben und dass von einem bestimmten Punkt oder Zeitraum an nicht ausschließlich eine Substanz – wie »wunderbar« sie auch immer sein mag – diese anderen Bedürfnisse kompensieren, erfüllen oder verdrängen konnte.

In diesem Zusammenhang wird in schmerzlicher Weise deutlich, dass die Wirklichkeit mehr als eine Dimension hat und erfülltes Leben und Gesundheit nicht erreichbar sind allein durch Einnehmen einer richtig dosierten materiellen Substanz.

In unserer »Alltagsphilosophie des Erwachens« also, wenn wir in unserer Umgangssprache uns über unser morgendliches Erwachen verständigen oder über einen Menschen reden, von dem wir im übertragenen Sinne sagen, er sei aufgeweckt und wach, dann verwenden wir zur Beschreibung dieses Zustandes dieselben Eigenschaftswörter, mit denen auch Oliver Sacks das Erwachen aus dem pathologischen Schlafzustand beschrieben hat. Ähnliche Berichte über das »Erwachen« gibt es in den Traditionen westlicher oder östlicher Religionen.

Erwachen – aus dem Schlaf – erscheint uns zumeist als ein ganz alltäglicher, selbstverständlicher Vorgang, über den wir eventuell nur insofern nachdenken, als wir uns fragen, ob wir dieses Erwachen vielleicht noch eine Weile hinausschieben können.

Im Erwachen kehrt ein Mensch aus seiner Selbstversunkenheit im Schlaf zurück in diese Welt, indem sich seine Sinne wieder öffnen, speziell indem er seine Augen öffnet und in die Welt schaut. Bis zu diesem ersten Augenaufschlag braucht es oft auch einen Moment der Gewöhnung an das Licht. Wach ist ein Mensch nicht länger geistesabwesend, sondern geistesgegenwärtig und (voll) da. Und dies fällt umso leichter, wenn der Schlaf ausgereicht hat, wenn es ein »Genug« an Schlaf und damit an Erholung gegeben hat. Wenn dieser so ausgeschlafene Mensch mit neuen Kräften ganz ausgefüllt, voll da ist, kann er sich wie selbstverständlich der Welt ganz zuwenden. Und in dieser Teilnahme an der Welt wächst die Erfülltheit, die, in einem paradoxen Zirkel, dann auch den Schlaf wieder erfüllter sein lässt.

Des Weiteren gibt es im Alltag den Wunsch, gemeinsam aufzuwachen, einen geliebten Menschen beim ersten Augenaufschlag liebevoll anschauen zu können und ebenso angeschaut zu werden, den Wunsch, mich, wenn ich neu ins Dasein komme, angeschaut zu erleben.

Eine der grundlegenden Alltagserfahrungen im Zusammenhang mit dem Erwachen ist doch diese, dass wir dazu immer wieder auch eine Hilfe oder einen Helfer benötigen, dass, wenn wir ganz sicher sein wollen, rechtzeitig wach zu werden, wir dies ausdrücklich in Auftrag geben. Das rechtzeitige, pünktliche Dasein ist oft nur gewährleistet durch die fürsorgliche Wachsamkeit eines anderen. Wie grundlegend Menschen sich gegenseitig zum Erwachen brauchen, drückt in völliger Naivität ein Kinderlied mit der Zeile aus: »Wenn Gott will, wirst du wieder geweckt.«

»Wach« und »lebendig« setzt die Alltagssprache in eins, und das Sinnesorgan, in dem sich diese Wachheit bevorzugt kundtut und für andere wahrnehmbar wird, ist das Auge mit seinem wachen Blick. Es gibt aber Lebenssituationen, die, einmal gesehen, einen wachen Blick nicht mehr möglich sein lassen. Es gibt so furchtbare Lebenserfahrungen, dass ein Mensch nur in einem schlafartigen Zustand weiterleben kann und – wie im Bericht von Oliver Sacks – ein Erwachen nur möglich ist durch den ungeheuren Einsatz anderer fürsorglicher Menschen, und dies auch nur episodenhaft.

Im Neuen Testament wird immer wieder zum Wachen aufgefordert, und dass Wachen wird oftmals wie selbstverständlich mit dem Beten verknüpft. Dies lässt erkennen, dass hier eine besondere Weise des Wachseins gemeint ist, und dass diese nicht einfach eine »natürliche«, selbstverständliche Normalverfassung ist. Dieser Zustand des Wachseins definiert sich vom Gebet her und kann in seinem Inhalt verständlich werden von der klassischen Definition des Gebetes her als »Erhebung des Geistes zu Gott«. Diese Wachheit entspricht in seinem Grundmuster dem, was in einer buddhistischen »Philosophie des Erwachens« dargestellt wird, wenn auch Inhalt und Ziel dieses Erwachens sich von dem christlichen Verständnis unterscheiden.

Betend, seine Seele zu Gott erhebend, begibt sich der Mensch dorthin, wo er und von wo er »voll da sein«, also wach sein kann. Betend in der Gegenwart Gottes lebend, der innerlicher ist als er sich selbst, verwirklicht dieser Mensch sich in höchster Intensität, aus der Ur-Wirklichkeit lebend, woraus er sein Dasein erhält. Was Mystiker, Glaubende, die Gott erfahren haben, uns »Normalbegabten« in den verschiedensten Formulierungen und Bildern vermitteln, ist, dass Gott im Menschen und in der Welt zuinnerst gegenwärtig ist, schlicht, weil sie da sind und in diesem puren Dasein ihren durch nichts übertreffbaren Wert haben. Könnte sich der Mensch im Zustand der Gottverbundenheit sehen, schreibt Johannes Tauler, dann sähe er sich derart edel, dass er vermeinte, ganz Gott zu sein. So wäre Erwachen ein Wahrnehmen der erfahrenen unendlichen Wertschätzung des eigenen einfachen Daseins. Welcher Mensch kann sich schon vorstellen, genug zu sein darin, einfach da zu sein?

In der biblischen Schöpfungserzählung beendet Jahwe seinen Ruf von Welt und Tier und Mensch in die Wirklichkeit mit dem zustimmenden Augen-Blick. Von diesem Bild her ließe sich das Erwachen deuten als ein Gewahr-Werden des bejahenden, wertschätzenden göttlichen Blickes: sich als gesehen wahrzunehmen. Und wie sehr Menschen von ihrem Lebensanfang an geprägt sind davon, ob sie dieses Angeschaut-Werden in sich tragen, davon berichtet die Säuglingsforschung seit den Untersuchungen von René Spitz. Doch so wenig sich der Erwachsene erinnert an den Blick der Eltern auf den Säugling , so wenig ist oft vorstellbar, dass menschliches Dasein zuinnerst von diesem göttlichen Blick geprägt ist.

Mystiker wissen aus ihrer Erfahrung zu berichten, dass das Wahrnehmen des Angeschaut-Seins von Gott eine oft kaum aushaltbare Freude bewirkt.

Zu schauen, ein Angeschauter zu sein, voll im Dasein sein können, weil angeschaut, öffnet den Blick des Menschen, lässt ihn so hell-wach werden, dass er mit seinem wachen, achtsamen Blick die Welt rings um sich, trotz aller Beeinträchtigungen, als zuinnerst von Gott angeschaut, wahrnehmen kann.

Im Garten Getsemani bittet Jesus seine Jünger: »Meine Seele ist betrübt bis in den Tod. Bleibet hier und wachet mit mir« (Matthäus 26, 36).

Wir wissen sehr wohl, dass es Lebenssituationen gibt, in denen dieser göttliche Blick alles andere als glaubhaft ist; viele Lebensgeschichten sind – menschlich betrachtet – nicht von diesem Blick geprägt. Die Erzählung macht die Notwendigkeit deutlich, wie sehr wir Menschen angewiesen sind auf die fürsorgliche Wachsamkeit eines anderen Menschen – auch in unserem ganz gewöhnlichen Alltag.

Manche Heilung eines psychisch ganz erstarrten Menschen beginnt damit, dass er, seiner Lebenserfahrung zum Trotz, diese Bitte wieder an einen anderen Menschen richtet in der Hoffnung, dass dieser ihm mit Respekt und Wertschätzung begegnet und ihm beisteht, sich und sein leidvolles Leben anzuschauen und darin Anerkennung zu finden für seine Not.

Oft ist das Einzige, was an aufmerksamer Fürsorge für einen anderen Menschen noch getan werden kann, die Fürbitte: »Mach hell sein Auge, sonst ist er zu Tode«, eine Fürbitte, die den anderen mit seinem Leben emporhebt in ein endgültiges Gottschauen.

Wir können einiges tun, um das Erwachen, das Wachwerden und das Wachbleiben möglich werden zu lassen und zu fördern. Es bedarf der Unterstützung, da es keine Selbstverständlichkeit ist. In Gebet und Kontemplation besteht zu einem wesentlichen Teil die vorbereitende Praxis des Erwachens: Gebet, um auch zuweilen den Dank auszudrücken: »Denn meine Augen haben dein Heil geschaut«, und Kontemplation, um achtsames Schauen einzuüben.